Mein erster Reiseführer

Mein Name: ....

Meine Adresse: ....

....

....

Ich bin im Urlaub vom .... bis ....

Ich fahre in die Ferien mit: ....

....

....

Meine Ferienadresse: ....

....

....

Das möchte ich machen: ....

....

....

Großer Rettennstein 2.362m
Wilder Kaiser 2.344m
Großvenediger 3.674m
Zillertaler Alpen 3.300m

Mein erster Reiseführer

Österreich

Tirol, Salzburg, Steiermark, Kärnten

Text von Ilka Sokolowski und Claudia Toll
mit Illustrationen von Jörg Hartmann

BELTZ
& Gelberg

Inhalt

Entdeckungsreisen

Routen und Ausflüge

Notizen

Land und Leute

Spiel und Spaß

Koffer packen…

Damit du in deinen Ferien alles Wichtige dabeihast, kannst du hier abhaken, was du eingepackt hast:

- ☐ Jacken
- ☐ Rock / Kleid
- ☐ Hosen
- ☐ Pullover
- ☐ T-Shirts
- ☐ Socken
- ☐ Unterwäsche
- ☐ Schlafanzug
- ☐ Shorts
- ☐ Wanderstiefel
- ☐ Sandalen / Sportschuhe
- ☐ Mütze
- ☐ Badesachen
- ☐ Sonnencreme
- ☐ Sonnenbrille
- ☐ Hautcreme
- ☐ Bücher
- ☐ Rucksack
- ☐ MP3- oder CD-Player
- ☐ Pflaster
- ☐ Buntes Seidenpapier
- ☐ Watte

- [ ] Strohhalme
- [ ] Fotopapier
- [ ] Stifte
- [ ] Schere, Lineal
- [ ] Papier (groß und klein)
- [ ] Kleber
- [ ] Knete
- [ ] Schuhkarton, Glöckchen
- [ ] Wunderkerzen, Gips

Was noch unbedingt mitmuss:

....

....

....

....

Was noch vorm Urlaub zu erledigen ist:

....

....

....

....

....

Wem willst du schreiben?

Hier kannst du Adressen von Freunden und Verwandten eintragen.

Name: ....

....

Straße: ....

PLZ / Ort: ....

Land: ....

E-Mail: ....

Name: ....

....

Straße: ....

PLZ / Ort: ....

Land: ....

E-Mail: ....

Name: ....

....

Straße: ....

PLZ / Ort: ....

Land: ....

E-Mail: ....

Name: ....

....

Straße: ....

PLZ / Ort: ....

Land: ....

E-Mail: ....

Name: ....

....

Straße: ....

PLZ /Ort: ....

Land: ....

E-Mail: ....

Name: ....

....

Straße: ....

PLZ /Ort: ....

Land: ....

E-Mail: ....

Name: ....

....

Straße: ....

PLZ /Ort: ....

Land: ....

E-Mail: ....

Name: ....

....

Straße: ....

PLZ /Ort: ....

Land: ....

E-Mail: ....

Übersichtskarte Österreich

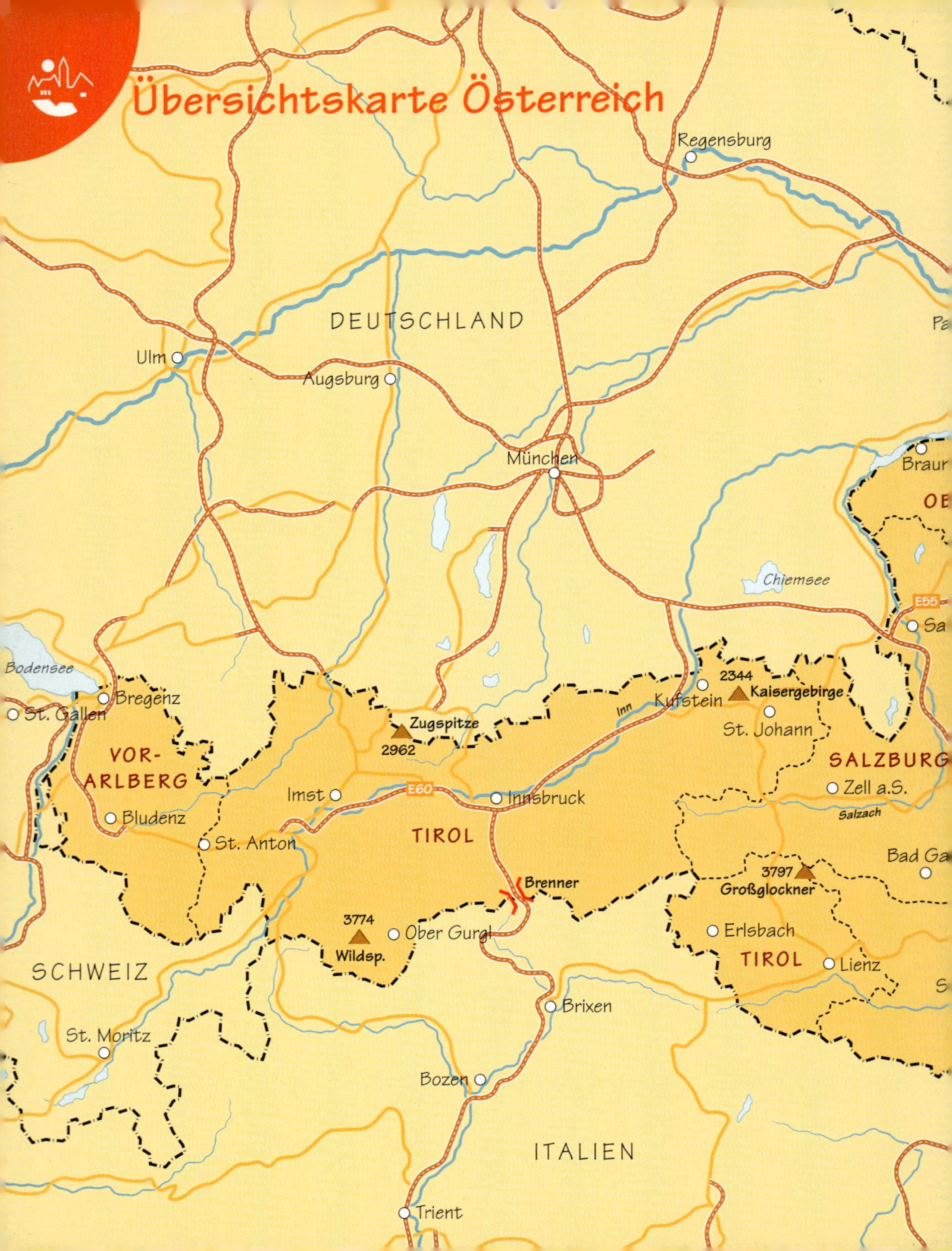

TSCHECHISCHE REPUBLIK
Brünn
Č. Budějovice
(Budweis)
Gmünd
NIEDERÖSTERREICH
Hohenau
Hollabrunn
Krems
Stockerau
SLOWAKEI
Linz
Wien
Bratislava
Donau
St. Pölten
WIEN
Wels
STERREICH
E60
E59
Steyr
Arnstetten
E60
Atter-
see
Gmunden
Traun-
see
E57
Wiener
Neustadt
Neusiedler
See
Eisenstadt
Mariazell
Hallstatt
Salzkammergut
Liezen
Eisenerz
Radstadt
Bruck a.d.Mur
BURGEN-
LAND
STEIERMARK
UNGARN
Graz
Mur
Wolfsberg
Millstätter
See
KÄRNTEN
E66
St. Veit
E59
Drau
Ossiacher
See
Villach
Wörther-
see
Klagenfurt
Maribor
SLOWENIEN
Celje
KROATIEN

Hier ist viel los!

Hier kannst du ankreuzen, was du alles gesehen hast.

- **Die tollsten Burgen:** Festung Kufstein ☐, Burg Hochosterwitz ☐, Hohenwerfen ☐, Burg Deutschlandsberg ☐, Burg Landskron ☐

- **Innsbruck:** Stadtturm ☐, Goldenes Dachl ☐, Hofburg ☐, Domkirche St. Jacob ☐, Zeughaus ☐, Skisprungschanze ☐, Innsbrucker Alpenzoo ☐, Kristallwelten (Wattens) ☐

- **Tirol:** Fohlenhof Ebbs ☐, Sommerrodelbahn (Durchholzen-Walchsee) ☐, Hexenwasser Hochsöll ☐, Inn ☐, Alpinolino ☐

- **Ötztal:** Vent ☐, Archäologiemuseum (Bozen) ☐, Ötzidorf ☐

- **Salzburg:** Mozartplatz ☐, Residenzplatz ☐, Salzburger Dom ☐, Festung Hohensalzburg ☐, Friedhof St. Peter ☐, Festspielbezirk ☐, Spielzeugmuseum ☐, Naturkundemuseum ☐, Getreidegasse ☐, Mozart Ton- und Filmmuseum ☐, Marionettentheater ☐, Schloss Mirabell ☐, Zwerglgarten ☐, Schloss Hellbrunn ☐

- **Salzburger Land und Salzkammergut:** Keltengrab (bei Hallstadt) ☐, Salzbergwerk (Hallstadt) ☐, Salzburger Freilichtmuseum ☐, Stadtmuseum Gmunden ☐, Grubenfeld-Bodenhaus ☐

- **Nationalpark Gesäuse und Umgebung:** Nationalpark Gesäuse ☐, Wasserlochklamm Palfau ☐, Wasserspielpark Eisenwurzen ☐, Gamser Wassermühlen ☐, Sagenweg Johnsbach ☐, Erzstollen Eisenberg ☐, Pürgschachen Moor ☐

- **Steiermark:** Graz ☐, Styrassic-Park (Bad Gleichenberg) ☐, Kirche St. Barbara (Bärnbach) ☐, Zentrum der Glaskunst (Bärnbach) ☐, Bundesgestüt Piber

- **Höhlen über Höhlen:** Rieseneishöhle ☐, Mammuthöhle ☐, Höhle Koppenbrüller ☐, Eishöhle bei Werfen ☐, Odelsteinhöhle ☐, Kraushöhle ☐

- **Klagenfurt und Umgebung:** Neuer Platz ☐, Kramergasse ☐, Alter Platz ☐, Landhaus ☐, Heiligengeistkirche ☐, Stadtpfarrturm ☐, Domkirche ☐, Minimundus (Wörthersee) ☐, Reptilienzoo Happ ☐, Wörthersee ☐, Museumstramway ☐, Terra Mystica ☐, Archäologischer Park Magdalensberg ☐, Museums- und Naturpark Hüttenberg ☐

- **Wilde Fluten und Wasserfälle:** Krimmler Wasserfälle ☐, WasserWunderWelt (Krimml) ☐, Breitachklamm ☐, Stuibenfall ☐

Österreichs kleine Geschichte

Auf dem Weg nach Norden ...

... besetzten die Römer im 1. Jahrhundert nach Christus große Teile des heutigen Österreich und bauten ihre Siedlungen.

Die Habsburger kommen

Im Jahr 1156 wurde das Gebiet, das zuerst Ostarrîchi und bald Österreich hieß, zum Herzogtum. Wien wurde Residenzstadt. Von 1278 an regierten Herzöge aus dem Geschlecht der Habsburger. Die verheirateten vom 15. Jahrhundert an ihre Söhne und Töchter so geschickt, dass sie bald halb Europa erbten!

Mal kleiner, mal größer

Obwohl Österreich einige Gebiete einfach erbte, hat das Land im Laufe seiner Geschichte auch viele Kriege geführt. Nach dem Krieg gegen die Osmanen, die Türken, die im 16. und 17. Jahrhundert Wien belagerten, bekam Österreich Gebiete im Osten dazu, etwa Böhmen. In Kriegen gegen das von Napoleon regierte Frankreich musste es andere Gebiete abtreten, Tirol zum Beispiel Anfang 1800 an die Bayern, die mit Napoleon verbündet waren.

Tiroler Freiheitskämpfer

Als die Bayern junge Tiroler in die bayerische Armee zwangen, kam es zum Aufstand. Der Gastwirt Andreas Hofer stellte sich an die Spitze. Zunächst besiegten er und seine Anhänger die Bayern und Franzosen. Den Friedensschluss erkannte er nicht an, sondern setzte den Kampf fort – und verlor. Hofer flüchtete, wurde verraten und in Mantua in Italien vor ein Kriegsgericht gestellt. Am 20. Februar 1810 wurde Hofer erschossen. Seither gilt er für die Tiroler als Freiheitskämpfer.

Ein folgenreiches Attentat

Im 14. Jahrhundert strebte Serbien ein großserbisches Reich an und sah sich durch Österreich daran gehindert. Ein Serbe tötete bei einem Attentat Franz Ferdinand, den Thronfolger Österreich-Ungarns. Der deutsche Kaiser sicherte daraufhin dem österreichischen Kaiser alle Unterstützung zu. Österreich machte gegen Serbien mobil, das heißt, es zog seine

Was bedeutet k.u.k.?
Seit 1515 waren die Habsburger auch Könige von Ungarn. 1867 entstand Österreich-Ungarn als Doppelmonarchie. Franz Joseph I. war damit Kaiser von Österreich und zugleich König von Ungarn. k.u.k. heißt „kaiserlich und königlich" für die gemeinsamen Behörden von Österreich und Ungarn.

Truppen zusammen. Russland hatte wiederum Serbien Hilfe zugesichert und machte nun auch mobil. Es kam zum Ersten Weltkrieg, in dem Österreich viele Gebiete verlor. Der Kaiser dankte 1918 ab. Damit war die Herrschaft der Habsburger in Österreich nach 600 Jahren beendet.

Der Anschluss Österreichs

Im März 1938 rückten deutsche Truppen in Österreich ein. Österreich gehörte bald zum großdeutschen Reich. Nach dem Zweiten Weltkrieg teilten Amerikaner, Engländer, Franzosen und Russen Österreich, genau wie Deutschland, in vier Besatzungszonen auf. 1955 wurde es wieder ein souveräner, unabhängiger Staat und eine parlamentarische Demokratie.

1996 zur EU

Österreich hat heute acht Millionen Einwohner. Es besteht aus neun Bundesländern: Wien, Niederösterreich, Oberösterreich, Salzburg, Kärnten, Tirol, Steiermark, Burgenland, Vorarlberg. Der Bundespräsident ist der oberste Repräsentant des Staates. Der Bundeskanzler übernimmt die Regierungsgeschäfte. 1996 trat Österreich der Europäischen Union bei. Und seit dem 1. Januar 2002 wird auch in Österreich mit Euro und Cent gezahlt, nicht mehr wie bis dahin mit Schilling und Groschen.

Auf dem österreichischen 2-Euro-Stück ist die Schriftstellerin Bertha von Suttner zu sehen.

Was du sonst noch wissen musst

Allerlei Alpen
Österreich besteht zu zwei Dritteln aus Bergen. Die österreichischen Alpen gliedern sich in drei Bereiche: die nördlichen Kalkalpen, die Zentralalpen und die südlichen Kalkalpen. Fast alle Bergketten verlaufen von Westen nach Osten.

Gipfel und Gletscher
In Österreich gibt es fast 1000 Gletscher und mehr als 850 Gipfel, die höher als 3000 m sind! Der höchste Berg Österreichs ist mit 3797 m der Großglockner. Auch ein Abstecher über die Gletscherstraße lohnt sich. Die Straße führt bis zur Franz-Joseph-Hütte, von wo aus der Blick über die Pasterze schweifen kann. Das ist der größte Gletscher der Ostalpen: rund 9 km lang und 1,5 km breit.
Durch die Klimaänderung mit steigenden Temperaturen schmilzt auch dieser Gletscher allmählich.

> ***Alpenglühen***
> *Wenn die Sonne untergeht, leuchten die Felsen und auch Schnee- und Eisflächen rötlich auf.*

Föhn? Wieso Föhn?
So heißt der warme Wind, der manchmal von den Bergen ins Land strömt. Das passiert, wenn ein Tiefdruckgebiet nördlich der Alpen warme Mittelmeerluft aus dem Süden ansaugt. Solche Föhnwetterlagen bilden sich häufig im Frühjahr und Herbst. Bei Föhn gibt es fast immer eine tolle Fernsicht! Nicht so toll: Auf Föhn folgt meist Regen ...

Deine Wanderausrüstung
Bevor es in die Berge geht, ist ein kleiner Check fällig: Hast du die richtige Ausrüstung?

- Kopfbedeckung nicht vergessen! Sie schützt vor zu viel Sonneneinstrahlung. Auch eine Sonnenbrille und Sonnenschutzmittel mit hohem Lichtschutzfaktor sollten nicht fehlen.
- Regenzeug: Wichtig, denn in den Bergen kann das Wetter schnell umschlagen.
- Warme Jacke oder Pullover nicht vergessen! Je höher du hinaufsteigst, desto kälter wird es. Pro 100 Höhenmeter kann das Thermometer um fast ein Grad Celsius fallen.

Für ein bisschen Klettern reichen Sportschuhe aus.

- Wanderstiefel: Für Bergtouren unbedingt erforderlich! Für normale Wanderungen genügen feste Schuhe.
- Handy: Falls trotz aller Umsicht jemand in Not gerät, lässt sich so am schnellsten Hilfe anfordern.

Tipp: Wie wird das Wetter? Informationen unter Tel.: 00 43 (0) 09 00 / 91 15 66-80 oder im Internet unter www.alpenverein.at

Alpines Notsignal

Sechsmal pro Minute in regelmäßigen Abständen ein Signal geben, nach einer Minute Pause wiederholen. Das Signal kann ein Winken mit einem Tuch sein, ein Lichtsignal, auch Rufen oder Pfeifen. Die Antwort der Rettungsmannschaft besteht aus drei Signalen pro Minute.

Für alle (Not-)Fälle

Diese beiden Telefonnummern solltest du auf jeder Wanderung dabeihaben:
112 – Europäische Notrufnummer
140 – Bergrettung

Yes or No?

Bei Notsituationen in den Bergen werden auch Rettungshubschrauber eingesetzt. Diese beiden Zeichen sind in der Luftrettung international bekannt:

Die tollsten Burgen

Burg Hochosterwitz: Jede Menge Tore und Zugbrücken

Schon seit 860 gibt es die Burg Hochosterwitz. Sie wurde etwa 10 km östlich der Stadt St. Veit in Kärnten auf einem kegelförmigen Kreidefelsen erbaut. Der Fußweg dort hinauf ist zwar anstrengend, führt aber durch 14 beeindruckende Tore und über fünf Zugbrücken.

Geöffnet: April–Okt., 9–17, Hauptsaison 8–18 Uhr, www.burg-hochosterwitz.at

> ***Kleines Burgen-Lexikon***
>
> **A**ngstloch: *ein tiefer Schacht, meist unter Folterkammer oder Verlies*
>
> **B**urgfried: *der höchste Turm einer Burg*
>
> **K**emenate: *Schlaf- und Wohnraum, meist für die Frauen*
>
> **P**alas: *Wohnhaus des Burgherrn; mit Rittersaal*
>
> **W**ehrgang: *Zum Schutz gegen Geschosse häufig überdachter Gang auf oder direkt hinter der Burgmauer.*

Tirols unbezwingbare Festung Kufstein

Hoch über dem Städtchen Kufstein thront eine Festung, die im Jahr 1205 das erste Mal urkundlich erwähnt wurde. Jahrhundertelang galt die Burg als uneinnehmbar – bis sie im Jahr 1504 von Kaiser Maximilians Truppen mit Kanonen beschossen wurde. Danach setzten die Kufsteiner alles daran, ihre Festung zur stärksten des Landes auszubauen. Öffnungszeiten unter www.festung.kufstein.at

Burggefängnis: Hohenwerfen

Nördlich von Werfen im Bundesland Salzburg ließ Erzbischof Gebhard 1077 einen Wehrbau anlegen. Jahrhundertelang wurden in Hohenwerfen Gefangene eingekerkert. Das gruselige Verlies kann man bei einer Führung besichtigen, ebenso die Burgkapelle und eine beeindruckende Waffensammlung. Auf Hohenwerfen befindet sich außerdem das Österreichische Falknereimuseum. Die Falkner führen auch die Flugkünste ihrer Vögel vor. Geöffnet: April–Okt., täglich außer Mo., April, 9–16.30, Mai, Juni, Sept., 9–17, Juli/Aug. 9–18 Uhr. Tel.: 00 43 (0) 64 68/76 03

Kelten auf Burg Deutschlandsberg

Das Wahrzeichen der Stadt Deutschlandsberg in der südlichen Steiermark ist die gleichnamige Burg. Im Burgmuseum „Archeo Norico" ist eine großartige Ausstellung von der Steinzeit bis zu den Römern zu sehen. Dabei erfährt man viel über das rätselhafte Volk der Kelten, das in vielen Gebieten Europas, auch in Österreich, zu Hause war. Die Römer nannten die Kelten übrigens „Gallier"! Die keltischen Handwerker waren Meister in der Herstellung von Waffen und Schmuck. Geöffnet: März–Nov., Mo.–So. 9.30–17 Uhr, Tel.: 00 43 (0) 34 62/56 02

Die Affen sind los!

Und zwar auf Burg Landskron am Ossiacher See. Die Burg wird in einer Urkunde von 1351 das erste Mal erwähnt. Im Laufe der Jahrhunderte brannte Landskron mehrmals aus. Aber auch die heutige Ruine ist immer noch riesig und beeindruckend. Sehenswert: die Flugvorführungen der Greifvogelwarte, die sich auf Landskron befindet. Die heimliche Attraktion der Burgruine ist jedoch der Affenberg, wo eine Horde von Japan-Makaken lebt.

Flugvorführungen Greifvogelwarte: Mai, Juni, Sept. täglich 11 u. 15 Uhr, Juli/Aug., auch 18 Uhr

Geöffnet: Affenberg: April–Okt., täglich 9.30–17.30 Uhr. Führungen werden angeboten, www.burg-landskron.at

Und das Klo?

Das war fast immer in einem kleinen Erker in einem Turm oder an der Burgmauer versteckt. Durch ein Loch plumpste alles in den Burggraben, oder den Hang hinunter. Abfälle aller Art wurden auch einfach über die Mauer gekippt.

Die schönsten Badeseen

Tief: Der Wolfgangsee
114 m geht es an der tiefsten Stelle hinunter! Der Wolfgangsee im Salzkammergut ist ein beliebtes Ausflugsziel, und so richtig berühmt wurde er durch einen Film aus den 1930er Jahren: „Im Weißen Rössl".

Warm: Der Mondsee
26 Grad Wassertemperatur – herrlich! Der Mondsee in der Nähe von Salzburg ist einer der wärmsten Badeseen des ganzen Landes.

Klein, aber fein: Fuschlsee
Nur vier Kilometer lang und einen Kilometer breit ist der Fuschlsee nahe Salzburg. Der Fuschlsee ist einer der saubersten Badeseen Österreichs.

Filmreif: Weißensee
Wenn der Weißensee in Kärnten im Winter völlig zufriert, ist er eine der größten geschlossenen Natureisflächen Europas. Das wussten auch die Macher von James Bond: 1987 schlitterte der Agent in „Der Hauch des Todes" in einem Auto über den zugefrorenen Weißensee. Im Sommer ist der See ein Urlaubsparadies.

Vielfältig: Der Wörthersee
Der größte der Kärntner Alpenseen misst 6 km in der Länge und ist bis zu 1,5 km breit. Im kleinen Ort Krumpendorf laden viele asphaltierte Wege zum Skaten und Radfahren ein.

Uralt: Millstätter See
Die Gegend um den kleinen Ort Millstatt in Kärnten war bereits bei den Kelten und Römern beliebt, wie man aus zahlreichen Siedlungsfunden weiß.

Welche Tiere im Wasser leben, zeigt das Fischereimuseum in Seeboden am Westufer des Millstätter Sees.
Geöffnet: Juni–Sept. täglich 10.30–18 Uhr

Ganz südlich: Faaker See
Der Faaker See in Kärnten ist nur 2,2 km² groß und der südlichste Badesee Österreichs. Ringsum bieten Wiesen und Wälder viele Möglichkeiten zum Wandern. Auf dem See ist Wassersport erlaubt: Baden, Surfen, Segel-, Ruder- und Tretboot fahren.

Wertvoll: Toplitzsee
In der Steiermark, in der Nähe von Bad Aussee, liegt der Toplitzsee. Hier soll ein Goldschatz versenkt worden sein. Mehrere Tauchexpeditionen brachten erstaunliche Dinge ans Tageslicht: britisches Falschgeld, eine Blechkise mit Flaschenverschlüssen – aber kein Gold. Keine schlechte Voraussetzung, um vielleicht doch noch irgendwann einen Schatz zu finden ...

Route 1: Innsbruck

Die Altstadt von Innsbruck ist einer der schönsten mittelalterlichen Stadtkerne Österreichs. Viele der Häuserfassaden stammen aus der Zeit zwischen 1500 und 1540. Viele Sehenswürdigkeiten liegen nah beieinander, doch die Skisprungschanze und der Zoo sind nur mit dem Auto zu erreichen.

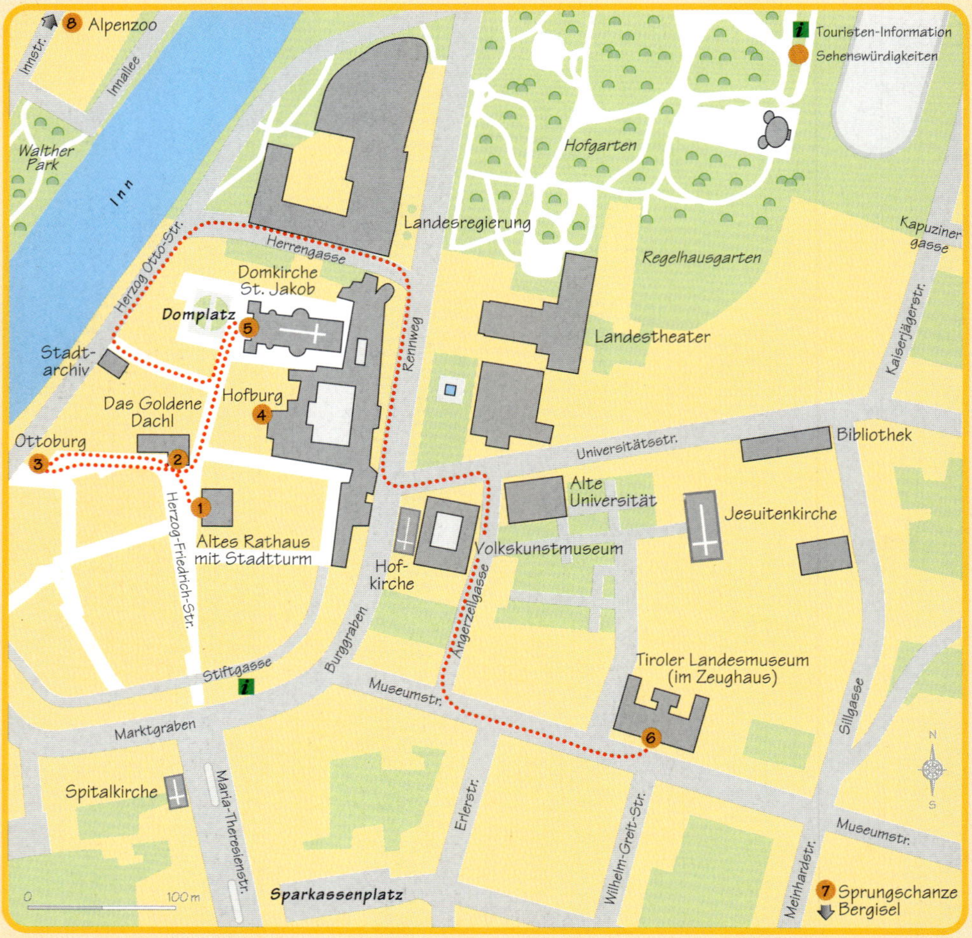

Tipp:
Mit der Innsbruck-Card ist die Fahrt mit öffentlichen Verkehrsmitteln frei. Der Eintritt in Museen und zu Sehenswürdigkeiten auch außerhalb von Innsbruck ist oft frei oder ermäßigt.

Los geht's!

1 Der Stadtturm

Innsbruck bekam vor etwa 900 Jahren das Stadtrecht verliehen. Als Erstes wurden zur Sicherung Stadtmauer, Graben und Wallanlagen gebaut. Der 57 m hohe Stadtturm wurde um 1450 als Wachturm errichtet. Geöffnet: Okt.–Mai, 10–17, Juni–Sept. 10–20 Uhr

2 Das Goldene Dachl

Innsbrucks Wahrzeichen ist das Goldene Dachl, ein kleiner Erker mit einem Dach, das mit 2657 vergoldeten Kupferschindeln bedeckt ist. Diesen Prunkerker ließ Kaiser Maximilian I. um 1500 anlässlich seiner Hochzeit mit Bianca Maria Sforza von Mailand anbauen.

3 Die Ottoburg

Reste der früheren Stadtmauer sind an der Ottoburg zu sehen. Sie ist ein Wohnturm, der um 1500 errichtet wurde. Die Bronzestatue davor zeigt übrigens Andreas Hofer.

4 Die Hofburg

An der Hofburg ist über die Jahrhunderte viel gebaut worden – und das ist bis heute gut zu sehen: Aus dem 15. Jahrhundert stammt das Südrondell, der ehemalige Wappenturm.

Pracht und Prunk in der Hofburg.

Anfang 1500 galt die Hofburg als schönstes Bauwerk der Spätgotik. Drei Innenhöfe kamen dazu, und der Umbau zum Renaissanceschloss erfolgte. 1754 ließ Kaiserin Maria Theresia daraus ein Barockschloss machen. Drei Monate lang regierte von hier aus Andreas Hofer. Die Räume sind voller Pracht und Prunk, mit Kronleuchtern, Stuckdecken, hohen Fenstern. Zu besichtigen sind unter anderem noch das Rondellzimmer für Kaiserin Sisi (1837–1897), das Chinesenzimmer mit Wandmalereien von Szenen aus China oder die Salons, benannt nach den vorherrschenden Farben: Rosa oder Weißer Salon oder Gelbes Zimmer.
Museum geöffnet: täglich 9–17 Uhr

5 Domkirche St. Jakob

Neben der Hofburg ragen die zwei Türme der Domkirche St. Jakob empor. Der Innsbrucker Dom wurde 1717–1724 gebaut und gilt als eine der schönsten barocken Kirchen. Das Gnadenbild „Maria hilf" am Altar ist von Lucas Cranach dem Älteren, einem berühmten deutschen Maler (1472–1553). Man muss bei den Deckenfresken schon genau hinsehen: Diese Art wird Illusionsmalerei genannt. Geöffnet: ca. Mai–Okt., Mo.–Sa. 7.30–19.30, So. 8–19.30, Okt.–Mai, Mo.–Sa. 7.30–18.30, So. 8–18.30 Uhr

6 Tiroler Geschichte(n)

Viel über Tirol und seine Geschichte und über Andreas Hofer ist im Zeughaus zu sehen, in dem das Tiroler Landesmuseum untergebracht ist. Es liegt etwas außerhalb der Altstadt. Wie war das genau mit dem Freiheitskampf der Tiroler? Das wird hier anschaulich gemacht: So steht man zum Beispiel auf einem Feldherrnhügel und sieht gleichzeitig auf die Gefechtslinien der Tiroler Landesverteidiger und der Bayern und Franzosen mit streng organisierter Armee.
Geöffnet: Juni–Sept., 10–17, Okt.–Mai, 10–17 Uhr, außer Mo.

7 Rauf auf den Schanzenturm!

Bergisel hat große Bedeutung für Tirol: Hier verlor Andreas Hofer die entscheidende Schlacht gegen die Bayern und Franzosen. Heute ist dort eine berühmte Skisprungschanze. Die 455 Stufen vom Eingang bis zum Turm sind natürlich nicht so schnell zu schaffen wie mit dem Aufzug.

In den Kristallwelten strahlt und funkelt es überall.

1964 und 1976 fanden hier Olympische Winterspiele statt. Der neue Schanzenturm wurde erst 2002 gebaut. Geöffnet: Sprungschanze: Juni–Okt., 8.30–18, Nov.–Mai, 9.30–17 Uhr

8 Innsbrucker Alpenzoo

Auf der anderen Innseite liegt der Alpenzoo auf 727 m Höhe. Er beherbergt nur Tiere, die im Alpenraum leben. Gefährdete Arten wie Waldrapp, Bartgeier, Steinbock, Bachforelle werden hier gezüchtet, aber auch heimische Nutztierrassen. Übrigens, immer wenn die Kirchenglocken in Innsbruck läuten, kann man die Wölfe in ihrem Gehege dazu heulen hören!

Geöffnet: Sommer 9–18, Winter 9–17 Uhr

Und das gibt es in Innsbrucks Umgebung zu entdecken:

Funkeln und Glitzern

In der Nähe von Hall liegt Wattens. Der kleine Ort ist der Sitz des österreichischen Familienunternehmens Swarovski, das Kristallobjekte, Schmucksteine und optische Geräte herstellt. Der Besuch des Museums „Kristallwelten" ist ein Erlebnis! Mit dem größten Kaleidoskop der Welt, einem Labyrinth im Park, dem Kristalldom und Kristalltheater. Außergewöhnlich ist auch das Kinderprogramm: Licht und Dunkelheit, Wellen, Kristalle und ihr Leuchten werden genauer unter die Lupe genommen.

Geöffnet: 9–18.30, von Dez.–März, Do. 9–20 Uhr

Deine Erlebnisse

Das war spannend: ....

....

....

....

....

Das war lustig: ....

....

....

....

....

Das war doof: ....

....

....

....

....

Platz zum Malen, Kleben, Schreiben ...

Hoch hinaus in Tirol

Tirol ist bei Urlaubern das beliebteste Bundesland Österreichs! Im Norden erhebt sich bei Kufstein das Kaisergebirge (2344 m) mit Wildem und Zahmen Kaiser. Im Süden geht es noch höher hinauf auf den Similaun (3606 m).

Die goldenen Haflinger
Bekannt sind diese Pferde wegen ihrer blonden Mähne und ihres Schweifs und des Edelweiß als Brandzeichen. Das bedeutendste Haflingergestüt der Welt liegt am Fuße des Zahmen Kaisers: der Fohlenhof Ebbs. Die stämmigen Arbeitstiere sind noch heute im Einsatz: Zum Beispiel ziehen sie geschlagenes Holz aus den Wäldern. 150 Haflinger sind von Oktober bis Mai im Gestüt, im Sommer sind es etwa 100, weil die Jungpferde dann auf den Almen leben. Besichtigung täglich, Schauprogramm Juli–Sept. Fr. 20 Uhr; Tel.: 00 43 (0) 53 73 / 4 22 10

Haflinger sind leicht zu erkennen.

Schnell wie der Blitz!
Eine kurvenreiche Strecke mit zehn überhöhten Steilkurven, 70 Meter langer Brücke und Unterführung: In Durchholzen-Walchsee geht es rasend schnell vom Berg ins Tal – mit dem Schlitten, zu zweit oder allein, auf der Sommerrodelbahn. Die Fahrt beginnt bei der Mittelstation des Sessellifts. Und am Ende wartet ein Spielplatz mit Schaukeln, schnellen Karussells, wilden Wasserfahrten.
Geöffnet: April Fr.–So. 10–12 u. 13–17 Uhr; Mai u. Okt. 10–17; Juni 9–17; Juli u. Sept. 9–17.30; Aug. 9–18.30

Total verhext in Söll
Die Gondelbahn schwebt von der Söll-Talstation auf den Hochsöll in 1170 m Höhe. Und sogleich beginnt der Erlebnispfad „Hexenwasser Hochsöll“. Wasser, seine Kraft, Sanftheit und Bewegung sind in mehreren Stationen zu erkunden. Etwa auf dem längsten Barfußweg in Österreich oder im Hexenbad, wo Wasser Steine rund schleift. Im Hexenwald stehen

Welches Murmeltier ist das schnellste bei der Murmeltierralley im Alpinolino?

verhexte Spielgeräte wie die Hexenwippe und der Hexenbesen. Auf dem Gipfelweg zur Hohen Salve geht es um Zeit und Zeitmessung. Und am Ende des Weges erfährt man noch einiges über Handwerkskunst. Geöffnet: Mai–Okt., 9–17.30 Uhr

Eine Schiffsfahrt ab Kufstein

Jahrhundertelang war der Inn eine wichtige Wasserstraße für den Transport von Waren und Handelsgütern. Mit dem Ausbau von Eisenbahnstrecken wurde die Innschifffahrt im Jahr 1920 eingestellt. Aber seit 1998 fahren von Kufstein aus wieder Schiffe. Die große Rundfahrt dauert eindreiviertel Stunden, die kleine etwa eine Stunde. Ab Kufstein: 10.15 Uhr Ende April–Mitte Okt.

Murmeltieren auf der Spur

Im Alpinolino auf der Choralpe bei Westendorf gibt es auf einem einstündigen Rundgang (ca. 1,5 km) viel über die alpine Welt zu erfahren. Für kleine und große Forscher: die Murmeltierrallye, der Adlerhost, Kletterstationen und eine tierische Rätsel-Tour. Die Strecke kann nur mit festen Schuhen gelaufen werden! Geöffnet: Mai–Okt., 8.30–17 Uhr, www.alpinolino.at

Viel los im Ötztal

Wer kennt ihn nicht, den Ötzi, der nach dem Ötztal im Süden Tirols benannt wurde. Hinter dem Tal liegt die Wildspitze, mit 3774 m der höchste Gipfel Tirols. Der 3606 m hohe Similaun ist das Grenzgebirge zwischen Nordtirol in Österreich und Südtirol in Italien.

Mit Bergführern unterwegs

In Vent gibt es einfache Wege und schwierige, für die Trittsicherheit und Schwindelfreiheit erforderlich sind. Da ist es oft am sichersten, sich Bergführern anzuschließen. Bis in 3000 m Höhe liegen noch Schutzhütten.

Informationen: Bergführerstelle Vent, Kilian Scheiber, Tel.: 00 43 (0) 52 54 / 81 06; www.bergfuehrer-vent.at

Auch Erlebniswanderungen werden angeboten, zum Beispiel in Vollmondnächten oder bei Sonnenuntergang.

Informationen in Vent bei „Alpinerlebnis", Tel.: 00 43 (0) 52 54 / 81 08 oder 81 03, www.alpinerlebnis.at

Der Mann aus dem Eis

Im September 1991 wurde ein spektakulärer Fund am 3210 m hoch gelegenen Tisenjoch am Hauslabjoch am Similaun gemacht: Ötzi, die im Eis mumifizierte Leiche eines Jägers! In der Kupferzeit, vor über 5000 Jahren war der etwa 1,60 m große, knapp 50 Jahre alte Jäger in die eisigen Höhen gezogen. Er trug einen Umhang aus Gras, Gürtel und Gürteltasche waren aus Kalbsleder, seine Schuhe waren zum Schutz gegen Kälte mit Gras ausgestopft. Bei sich hatte er einen Bogen aus Eibenholz und einen Fellköcher mit 14 Pfeilen, eine Kupferaxt, ein Messer mit Feuersteinklingen, eine Rückentrage und Nahrungsmittel. Wissenschaftler untersuchten seine Leiche genau: Fast 50 blauschwarze Tätowierungen aus Kohlestaub bedeckten seinen Körper und zuletzt hatte er wohl Fleisch und grobgemahlenes Getreide gegessen. Die Mumie ist im Archäologiemuseum in Bozen

Im Ötzidorf wird das Brot wie früher gebacken.

ausgestellt, denn Ötzi lag 92 Meter und 55 Zentimeter hinter der Grenze auf italienischem Boden. Dadurch ist er Südtiroler Eigentum.

Ötzis Dorf

In Umhausen steht das „Ötzidorf". Es ist nicht wirklich ein Dorf, sondern ein Freilichtpark mit vielen Hütten und Plätzen. Dort wird das Leben in der Jungsteinzeit zum Experiment: Wie haben die Menschen damals gelebt? Wie funktionierte was? Feuer machen mit Flintstein und Zunder? Spinnen mit der Handspindel? Fladenbrot backen? Bogenschießen? Oder auch Steinzeitsuppe kochen? Geöffnet: ca. Anfang Mai–Ende Okt., 9.30–17.30 Uhr, www.oetzidorf.at

Nur für Profis!

Zur Fundstelle des „Ötzi" können nur geübte Wanderer aufsteigen. Es geht von Vent aus durch das Niedertal zur Similaunhütte auf 3019 m Höhe, das letzte Wegstück führt über den Niederjoch-Ferner und von der Hütte aus weiter entlang dem Grat – gefährliche Strecken. Und eine Strecke dauert insgesamt etwa 6 Stunden!

Route 2: Salzburg

Salzburg gibt es gleich zweimal in Österreich: So heißen das Bundesland und seine Hauptstadt. Die Stadt gilt als eine der schönsten Europas. Zu den ältesten gehört sie auch: Bereits während der Steinzeit siedelten hier die ersten Menschen. Mitten durch die Stadt fließt die Salzach. Auf der einen Seite liegt die Altstadt, auf der anderen die Neustadt.

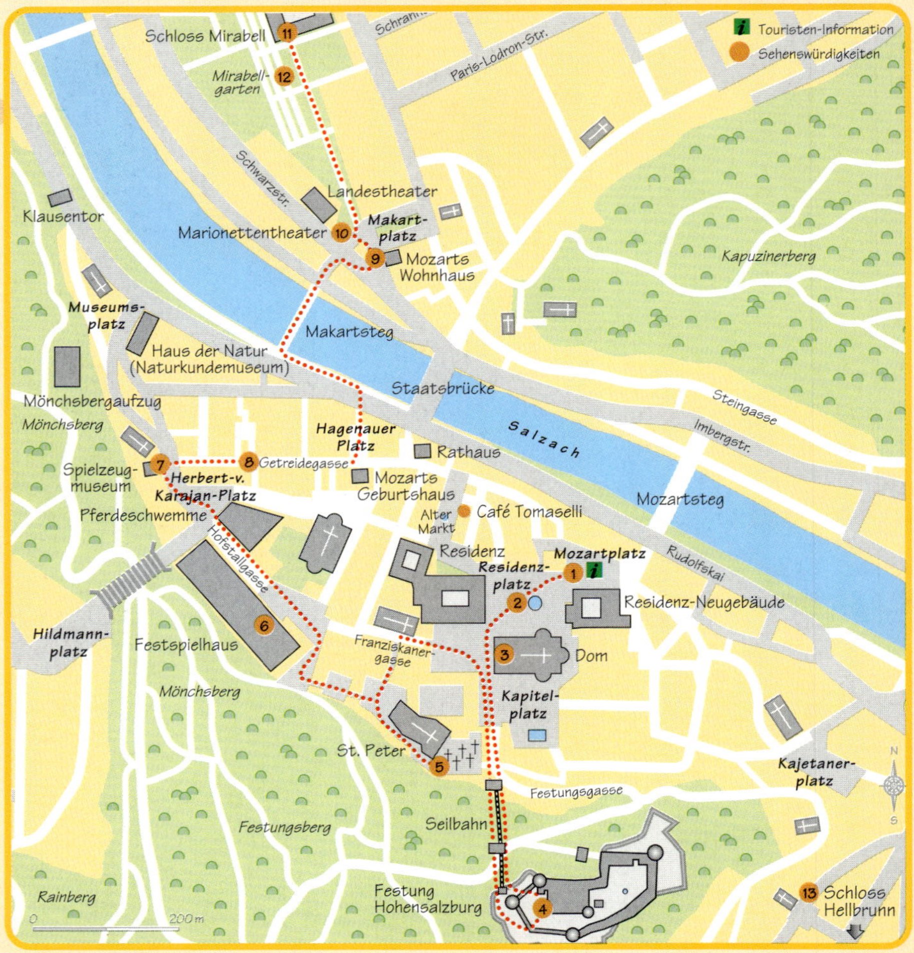

Salzburg in seiner ganzen Pracht.

Los geht´s in der Altstadt auf dem:

1 Mozartplatz
Hier ist auch eine Touristen-Information: Stadtplan und eine Salzburg-Card kaufen! Die ist sehr praktisch, weil sie freien Eintritt zu vielen Sehenswürdigkeiten und in Museen ermöglicht. Und die öffentlichen Verkehrsmittel kannst du damit auch benutzen. Die Salzburg Card ist bis zu drei Tage gültig.

2 Der Residenzplatz
Den Mittelpunkt der Altstadt bildet der Residenzplatz mit seinem großen Marmorbrunnen. An der Westseite des Platzes liegt die alte erzbischöfliche Residenz von 1596. An der Ostseite steht das Residenz-Neugebäude. Ohren spitzen heißt es um 7, 11 und um 18 Uhr: Dann erklingt hier ein Glockenspiel aus 35 Glocken – seit fast 300 Jahren schon! Kurz danach ertönt ein zweites Glockenspiel, und zwar vom „Salzburger Stier" auf der Festung Hohensalzburg, es ist bis hier zu hören!

3 Salzburger Dom
An der Südseite des Residenzplatzes erhebt sich der Dom, die erste frühbarocke Kirche nördlich der Alpen. 14 Jahre wurde an ihr gebaut, von

1614 bis 1628. Im neuen Dom wurde Wolfgang Amadeus Mozart getauft. Das Taufbecken steht heute noch dort! Mozart arbeitete später übrigens einige Zeit als Organist im Salzburger Dom.

4 Die Festung Hohensalzburg

Vom Kapitelplatz geht es in Richtung Mönchsberg zur Festungsgasse. Schon kannst du eine der größten und besterhaltenen Burgen Europas sehen: 120 m über der Salzach thront die Hohensalzburg. Von der Festungsgasse führt eine Standseilbahn nach oben.

Tipp: Für das Burgmuseum etwas mehr Zeit mitbringen! Die Ausstellung zeigt, wie die Leute im Mittelalter gelebt haben.

Geöffnet: 1. Juli–31. Aug. 9–19, 1. Sept.–30. Sept. 9–18, 1. Mai–30. Juni 9–18, 1. Okt.–30. April 9–17 Uhr

5 Ab in die Katakomben

Direkt an der Felswand des Mönchsbergs liegt der Friedhof St. Peter. Steile Steinstufen führen in die Katakomben. Das sind uralte Grab- und Gebetsstätten, die von frühen Christen in den Fels geschlagen wurden.

Führungen Mai–Sept., Di.–So. 10.30–17, Okt.–April, Mi. u. Do. 10.30–15.30, Fr.–So. 10.30–16 Uhr.

Die Hohensalzburg wacht über die Stadt.

6 Spiele und Pferde ...

Westlich von St. Peter beginnt der Festspielbezirk mit Kleinem und Großem Festspielhaus. Alljährlich finden hier die berühmten Salzburger Festspiele mit Musik und Theater statt. Ein paar Schritte weiter liegt die Marstallschwemme. Früher war das so eine Art Pferdebad, wo die Reit- und Kutschpferde gesäubert wurden.

7 ... und Spielzeug!

Wenige Schritte hinter der Marstallschwemme befindet sich das ehemalige Bürgerspital mit dem Spielzeugmuseum und einer Sammlung alter Musikinstrumente.

Geöffnet: Di.–So. 10–17, Mi. 10–21 Uhr

Pause!

Hier endet der erste Teil der Salzburg-Tour, es ist Zeit für eine Pause! Oder du machst einen Abstecher zum Haus der Natur am Museumsplatz und schaust dir die Ausstellungen des Naturkundemuseums an – mit Aquarium, Reptilienzoo und einer Weltraumhalle.

Geöffnet: täglich 9–17 Uhr

Salzburger Nockerln werden serviert.

Und weiter geht's

8 Die Getreidegasse ...

...ist eine der berühmtesten Gassen Salzburgs. Vor allem, weil hier das Geburtshaus von Mozart steht. Es hat die Hausnummer 9. Familie Mozart wohnte im 3. Stock. Die Räume sind heute ein Museum.

Geöffnet: täglich 9–17.30, Juli u. Aug. 9–18.30 Uhr

9 Und noch einmal: Mozart

Nun geht es über den Makartsteg auf die andere Seite der Salzach. Am Makartplatz Nr. 8 befindet sich Mozarts Wohnhaus, in dem heute das „Mozart Ton- und Filmmuseum" untergebracht ist.

Geöffnet: täglich 9–18, Juli u. Aug. 9–19 Uhr

10 Musikalische Marionetten

Wer jetzt endlich wissen will, was Mozart so komponiert hat, sollte sich eine Aufführung des Marionettentheaters am Makartplatz (Eingang Schwarzstraße 24) ansehen. Hier stehen vor allem Mozartopern auf dem Programm.

Aufführungen täglich 14 u. 16 Uhr; Spielplan unter www.marionetten.at

11 Schloss Mirabell

Am Makartplatz liegt der Haupteingang zum Mirabellgarten, der zum Barockschloss Mirabell gehört. Aber was ist denn Barock eigentlich? Eine gute Einführung in diese Kunstepoche bietet das Barockmuseum, das in einem Teil der ehemaligen Orangerie untergebracht ist. Dort befinden sich barocke Kunstwerke aus ganz Europa. Geöffnet: Di.–Sa. 9–12 u. 14–17 Uhr, So. u. feiertags 10–13 Uhr

Ein „moderner" Mozart.

!

Kleiner Wolferl

Wolfgang Amadeus Mozart (1756–1791) war ein echtes musikalisches Genie, dessen Werke auf der ganzen Welt bekannt sind. Bereits als 6-Jähriger komponierte er seine ersten Stücke! Am bekanntesten ist wohl seine Oper „Die Zauberflöte".

Salzburg vom Wasser aus.

12 Mirabellgarten

An den Mirabellgarten schließt sich der Zwergerlgarten an. Um 1715 standen hier 28 Figuren von Zwergen. Doch Kronprinz Ludwig von Bayern gefielen sie gar nicht und er ließ sie 1812 entfernen. Ein Teil der Figuren wurde jedoch wiedergefunden und steht heute wieder am ursprünglichen Platz.

13 Schloss Hellbrunn

Ursprünglich lag Schloss Hellbrunn vor den Toren Salzburgs; heute ist Hellbrunn ein Stadtteil. Erzbischof Markus Sittkus, der Schloss Hellbrunn von 1613 bis 1616 erbauen ließ, hatte einen ziemlich schrägen Humor: Gerne lud er seine Gäste in den Park ein und ließ dann aus den Sitzplätzen Wasserfontänen herausschießen ... Jede Menge ausgefallener Wasserspiele, wie tückische Spritzbrunnen, kann man heute noch bestaunen. Sehenswert ist auch das „Mechanische Theater", in dem 256 Figuren das bunte Treiben einer Kleinstadt darstellen.

Schloss und Wasserspiele können nur mit Führung besichtigt werden.
Geöffnet: April–Okt. 9–16.30, Mai, Juni, Sept. 9–17.30, Juli u. Aug. 9–22 Uhr

Deine Erlebnisse

Das war spannend: ....

....

....

....

....

Das war lustig: ....

....

....

....

....

Das war doof: ....

....

....

....

....

Platz zum Malen, Kleben, Basteln ...

Salzburger Land und Salzkammergut

Rund um das weiße Gold

Im Salzburger Land und im Salzkammergut gibt es reiche Salzvorkommen. Dem Salz verdanken diese Regionen auch ihre Namen. Das „weiße Gold" war früher sehr kostbar, denn das lebensnotwendige Mineral konnte nur unter großen Mühen aus dem Gestein gewonnen werden. Schon die Kelten bauten hier in vorchristlicher Zeit Salz ab und schufen damit ein wichtiges Wirtschaftszentrum. Aus dem Keltischen leitet sich auch das Wort Hall ab, das Salz bedeutet. Es steckt in vielen Ortsnamen.

Auf Schienen durch das Salzbergwerk.

Die Hallstattzeit

Oben auf dem Salzberg bei Hallstatt, nahe dem Rudolfsturm, wurde 1846 ein Feld mit fast 1000 Keltengräbern entdeckt – unbedingt ansehen! Archäologen fanden heraus, dass die Kelten bereits zwischen 800 und 450 vor Christus in der Gegend um den Hallstätter See lebten. Damals befand sich die keltische Kultur nicht nur auf ihrem Höhepunkt, sie stand außerdem an der Schwelle zur Eisenzeit. Die Menschen lernten also, Gegenstände aus Eisen herzustellen. Diese Epoche wird nach den Funden bei Hallstatt auch Hallstattzeit genannt.

Salzwelten

Bei Hallstatt am Hallstätter See befindet sich auch das älteste Salzbergwerk der Welt. Eine Seilbahn führt von Hallstatt hinauf auf den Salzberg. Zu Fuß geht es am Rudolfsturm vorbei zum Bergwerk. Führungen April–Sept. 9.30–16.30, Okt. 9.30–15 (Achtung: Nicht für Kinder unter vier Jahren!)

Salzkristalle mal ganz anders.

Fast wie früher

Im Salzburger Freilichtmuseum bei Großgmain kannst du dir ansehen, wie die Menschen früher gelebt haben: 60 Bauernhäuser aus der Zeit vom 16. bis zum 20. Jahrhundert sind dort aufgebaut.

Geöffnet: März–Nov., Di.–So. 9–18 Uhr, www.freilichtmuseum.com, Tel.: 00 43 (0)6 62 / 85 00 11

Gmunden

Die alte Salzhandelsstadt liegt am malerischen Traunsee, von den Einheimischen auch „Traumsee" genannt. Wie war das hier früher mit dem Salzhandel? Darüber informiert eine Ausstellung des Stadtmuseums.

Geöffnet: Mai–Okt., Mo.–Sa. 10–12 u. 14–17 Uhr, So. u. feiertags 10–12 Uhr, Tel.: 00 43 (0)76 12 / 794 - 420

Goldrausch

Mit viel Geduld und etwas Glück findest du in Grubenfeld-Bodenhaus bei Rauris am Zeller See Gold. Durch Verwitterung des Gesteins werden in den Flussbetten der Tauernbäche Goldflitter und kleine Goldkörner frei. Das Wasser transportiert sie mit Sand und Geröll zu Tal. Hier kann jeder mit einem großen Sieb im Bach Gold waschen. Familien können auch an einem Goldwasch-Lehrgang mit Fundgarantie teilnehmen.

Geöffnet: Juni–Okt., Mo.–So 9.30–17 Uhr; Informationen: Rauris Tourismus, Tel.: 00 43 (0)65 44 / 2 00 22 600 oder unter www.raurisertal.at

Nationalpark Gesäuse und Umgebung

Gesäuse – seltsamer Name, oder? Dafür ist der Fluss Enns verantwortlich. Hohe Berge versperren der Enns scheinbar den Weg; doch zwischen Himbeerstein und Haindlmauer bricht sie am so genannten Gesäuseeingang durch einen tiefen Felseinschnitt und stürzt über atemberaubende Katarakte, das sind Wasserfälle, über mehrere Felsstufen. Da rauscht und saust und tost es nur so!

Wasserlochklamm Palfau
Einen Eindruck von der Urgewalt des Wassers bekommt man in der Palfauer Wasserlochklamm in der Steiermark. Die Steiganlage aus Holzbrücken und Stegen führt ganz dicht an den tosenden Fluten vorbei, die sich tief in die Felsen gegraben haben. Bis zu fünf Kubikmeter Wasser pro Sekunde schüttet die Quelle aus! Die Wanderung dauert ca. 3 Stunden.

So viel Natur!
Besonders sehenswerte Nationalparks: Nationalpark Hohe Tauern (Kärnten, Salzburg, Tirol) www.hohetauern.at; Nationalpark Nockberge (Kärnten) www.nockberge.org; Nationalpark Kalkalpen (Oberösterreich) ww.kalkalpen.at; Nationalpark Gesäuse (Steiermark) www.nationalpark.at

Wasserspielpark Eisenwurzen
Was man mit Wasser alles machen kann! Im Wasserspielpark in St. Gallen wirst du auf einer Mini-Holztriftanlage zum Flößer, baust Wasserräder oder unternimmst eine Raftingtour im Erlebniskanal.
Geöffnet: Mai–Okt., täglich 9–19 Uhr, www.wasserspielpark.at

Gamser Wassermühlen
Allein in Gams bei Hieflau gab es früher 22 Wassermühlen! Drei davon sind wieder instandgesetzt. Sie liegen im Waldgebiet Gamsforst. Informationen unter Tel.: 00 43 (0) 36 37 / 2 06

Felsen erzählen Geschichten
Sonderbare Felsmonumente begleiten den Sagenweg Johnsbach. Die Rinnen, Pfeiler, Türme und Figuren aus Fels haben seit jeher die Fantasie der Menschen beschäftigt und zu verschiedenen Sagen angeregt. Sie

Die Palfauer Wasserlochklamm ist eine Wanderung wert.

werden entlang dem Sagenweg gezeigt. Der 5 km lange Weg beginnt beim Gasthof Bachbrücke / Abzweigung Johnsbach an der Gesäuse Bundesstraße. Der Weg ist beschildert!

Pürgschachen Moor

Zwischen Admont und Liezen liegt das schöne Hochmoor Pürgschachen Hier wächst übrigens auch der Sonnentau, eine fleischfressende Pflanze! Die ca. 1,5-stündige Wanderung auf dem Erlebnispfad beginnt am Parkplatz an der Straße von Pürgschachen nach Unterdorf.

Informationen beim Moorschutzverein, Ardning 13, Tel.: 00 43 (0) 36 12 / 3 07 22 oder www.moor.ardning.at

Ein Labyrinth unter der Erde

Harte Arbeit war das früher im Erzbergbau. Heute kannst du die Erzstollen im Erzberg bei der Stadt Eisenerz ganz bequem erkunden, und zwar im „Hauly", einem 860 PS starken Schwerlaster.

Geöffnet: Mai–Okt, Führungen täglich von 10–15 Uhr; www.abenteuer-erzberg.at

!

Steirisches Eisenerz

Erz war früher so wertvoll, weil daraus Eisen gemacht wurde! Stahl oder Kunststoffe gab es ja noch nicht.

Graz – viel zu entdecken

Die Altstadt von Graz gehört zu den schönsten in Europa.
Sehenswert ist zum Beispiel das Luegg-Haus an der Abzweigung zur Sporgasse mit seinem Laubengang und der Stuckfassade. Der Name kommt vom alten Wort luegen, und das bedeutet so viel wie „mal um die Ecke gucken, einen Blick riskieren".
Die Herrengasse ist heute eine Fußgängerzone. Ein paar Meter weiter hat übrigens schon Napoleon übernachtet – im Haus Nr. 13.
Das Zeughaus, ebenfalls in der Herrengasse, präsentiert die größte Waffensammlung der Welt aus dem 16. bis 19. Jahrhundert.
Bei einem Rundgang durch den Burg- und Schlossbezirk unbedingt einen Abstecher auf den 120 m hohen Schlossberg einplanen!
Zum Abschluss solltest du dir die künstliche Insel in dem Flüsschen Mur, das mitten durch Graz fließt, ansehen. Die Murinsel ist ein muschelförmiger Bau aus Stahl und durchsichtigem Acryl.

Auf zu den Sauriern ...

... zum Beispiel im Styrassic-Park bei Bad Gleichenberg. 60 Saurier in Lebensgröße tummeln sich auf dem fünf Hektar großen Gelände.

Wechselnde Öffnungszeiten je nach Jahreszeit, Informationen: Styrassic Park, Dinoplatz 1, Bad Gleichenberg, Tel.: 00 43 (0)3159/2875-0

Die UNESCO hat Graz zum Weltkulturerbe erklärt.

Auch das Fohlen bekommt mal weißes Fell.

Braune Schimmel?
Wer ein Lipizzaner-Fohlen sieht, wird kaum glauben, dass es einmal zu einem Schimmel heranwächst: Bei der Geburt ist das Fell grau oder braun. Es dauert Jahre, bis es weiß ist.

Bärenstarke Kunst in Bärnbach
1988 machte sich der Künstler Friedensreich Hundertwasser daran, die Kirche St. Barbara in Bärnbach umzugestalten – und zwar gratis. Hundertwasser (1928–2000) liebte Rundungen und verspielte Elemente und vor allem bunte Farben. Auch bei der Kirche St. Barbara. Das Ergebnis ist einzigartig und wunderschön anzusehen!

Informationen unter Pfarre Bärnbach
Tel.: 00 43 (0) 31 42 / 6 25 81.

In Bärnbach befindet sich außerdem ein Zentrum der Glaskunst. Bei einer Führung kannst du den Glasbläsern bei der Arbeit über die Schulter sehen. Geöffnet: April–Dez., Mo.–Fr. 9–16, Sa. 9–12 Uhr, Informationen unter Tel.: 00 43 (0) 31 42 / 6 29 50

Die weißen Pferde von Piber
Lipizzaner sind die edlen weißen Pferde, die seit Jahrhunderten in der Wiener Hofreitschule ausgebildet werden. Ursprünglich stammen sie aus dem slowenischen Ort Lipica, von dem sie auch ihren Namen haben. Heute werden Lipizzaner in aller Welt gezüchtet. Eines der Gestüte liegt bei Piber. Du kannst es auf einem geführten Rundgang besichtigen und erfährst dabei viel über den Alltag und die Ausbildung der schönen Pferde.

Bundesgestüt Piber, Führungen von April–Okt., täglich 9–17.30, www.srs.at

Hoch oben: die Almen

Auf den satten Bergwiesen, den Almen, grasen verstreut Kühe, Schafe und Ziegen. In Vorarlberg werden die Almen auch Alpe genannt, in der Steiermark Schwaige. Es sind Weideflächen, die nur im Sommer bewirtschaftet werden. Sie liegen in unterschiedlichen Höhen bis über die Baumgrenze hinaus: die Voralmen – in Vorarlberg Maiensäß genannt – bis zu 1750 m, die Mittelalmen bis zu 2500 m hoch und die Hochalmen darüber.

Hinauf auf die Alm

Auf die Hochalmen wird das Vieh erst spät im Jahr gebracht. Sobald die Wiesen schneefrei sind, meist im Mai oder Juni, geht es hinauf. Die Alpung, wie die Haltung der Tiere auf den Almen heißt, ist für ihre Gesundheit sehr wichtig. Das Leben in Höhenluft und freiem Gelände, mit frischen Berggräsern und -kräutern, macht sie robuster.

Die Älpler ...

... das sind die Sennen und Sennerinnen. Sie kümmern sich um das Vieh, melken die Milchkühe und stellen den Käse her. Die Älpler mähen auch die Almwiesen. Bergmahd heißt das Mähen mit der Sense. Im Winter wird das Heu dann auf gebogenen Holzbrettern, Schloapfen genannt, ins Tal gezogen.

Großes Fest: der Almabtrieb

Je nach Wetter und nach Höhenlage bleiben Vieh und Älpler bis zu fünf, sechs Monate auf den Almen. Zurück ins Tal geht es im September und Oktober. Die Heimkehr wird festlich begangen. Die Kühe werden geschmückt – mit Kränzen, mit Alpenrosen, mit Tannengrün, besonders die, die am meisten Milch gegeben haben.

Sommer auf der Alm.

Kein Luxus

Auf den meisten Almen gibt es weder fließendes Wasser noch Strom. Es ist ein einfaches Leben, manchmal müssen die Sennerinnen und Senner sogar im Heu schlafen. Sie arbeiten den ganzen Tag, auch an den Wochenenden. Aber so hart es auch ist, viele mögen dieses Leben in der Natur.

Das Kaasen

Die Geräte fürs „Kaasen", für die Herstellung von Käse, sind: Käseharfe, Siebe, Schneebesen und die Pipette für die Lab-Zugabe. Lab, ein tierischer Eiweißstoff, lässt die Milch gerinnen und fest werden. Nur so wird Käse daraus. Auf manchen Almen lassen sich Sennen und Sennerinnen beim Käsen und Buttern auch gern über die Schulter schauen. Zum Beispiel auf der „Käsestraße" im Bregenzer Wald in Vorarlberg. Hier und auch in vielen anderen Gebieten führen Wandertouren auf die Alpen, wo der Käse nach alter Weise aus reinster Rohmilch hergestellt wird.

Almjause, Almpause

Auf vielen Almen können hungrige Wanderer einkehren, zum Beispiel auf 550 Almen allein im Salzburger Land. Es gibt frische Milch, Buttermilch, Jogurt, Topfen, wie in Österreich der Quark genannt wird, oder Schotten. Und natürlich gibt es Brot mit den unterschiedlichsten Sorten Käse.

Das „Kaasen" ist eine echte Kunst .

Höhlen über Höhlen

In den Bergen Österreichs gibt es eine Menge Höhlen, vor allem im mächtigen Gebirgsmassiv Dachstein. Dort kannst du tief in das Berginnere absteigen – in die geheimnisvollen Dachsteinhöhlen, ein bis heute noch nicht vollständig erforschtes Höhlenlabyrinth.

Die Rieseneishöhle

Am Nordrand des Dachsteinmassivs liegt die Rieseneishöhle. Der Weg durch die Höhle ist nur 800 m lang, überwindet aber 120 m Höhenunterschied. Die Tropfsteinhöhle, die gefrorenen Eisfälle sind aus eingesickertem und wieder gefrorenem Schmelzwasser entstanden.

Führungen: Mai–Okt., täglich 9.20–16.30 Uhr, Tel.: 00 43(0)61 34/84 00-0

Riesig! Hier ist Schmelzwasser gefroren.

Und wo sind hier Mammuts?

Die Mammuthöhle in Obertraun hat ihren Namen wegen ihrer gewaltigen Ausmaße bekommen: Bisher sind rund 60 km erforscht, aber jedes Jahr werden neue Teile entdeckt! Ein etwa 1000 m langes Teilstück, die „Höhle der Höhlenforscher", kann man besichtigen. Sie ist die größte Höhle im Dachsteinmassiv. Mit der Schwebebahn geht's von Obertraun zur Mittelstation auf der Schönbergalm, von dort sind es nur 15 Minuten zu Fuß.

Führungen: Juni–Aug., täglich 9.15–15, Sept. u. Okt., 10.15–14.30 Uhr, Tel.: 00 43 (0)61 34/ 84 00-0

Gewaltiges Getöse!

Die nach dem Bergbach Koppenbrüller benannte Höhle ist eigentlich eine unterirdische Quelle – nur eben gewaltig groß. Von Obertraun aus führt ein Fußweg dorthin. Diese Höhle ist leicht zu besteigen. Führungen: Mai–Aug., 10–16 Uhr, Sept., 10.30, 12, 13 u. 15 Uhr, Tel.: 00 43 (0)61 31/5 31

Besuch in der Eisriesenwelt

Die größte Eishöhle der Welt liegt bei Werfen am Westrand des Tennengebirges in Salzburg: mehr als 40 km lang und über eine Strecke von einem Kilometer mit Eis bedeckt. Vor 50 Millionen Jahren hat sich hier ein unterirdischer Fluss durch den Fels gegraben. So entstanden atemberaubende Kuppeln, Hallen und Figuren. Von Werfen aus geht's zum Parkplatz der Seilbahn. Ein Fußweg von ca. 15 Minuten führt zur Talstation. Beim Berggasthof Dr.-Friedrich-Oedl-Haus werden die Eintrittskarten verkauft und die Gruppen für die Führungen zusammengestellt. Führungen: Mai–Okt. 9–15.30, Juli u. Aug. 9–16.30 Uhr, Tel.: 00 43 (0) 61 68 / 52 48

Fantastische Figuren

In der Steiermark, bei Johnsbach, liegt die 470 m lange Odelsteinhöhle. Enge Durchgänge führen zu großen Hallen. Hier haben sich durch mineralische Ablagerungen, auch Sinter genannt, Figuren gebildet. Ob du den mysteriösen Tintenfisch findest?

Zugang nur mit Führung, Anmeldung: Gasthof Kölblwirt, Familie Wolf-Berghofer, 8916 Johnsbach 65, Tel.: 00 43 (0) 36 11 / 2 16

Funkelnde Kristalle

In der Kraushöhle in Gams kommt man sich vor wie in einer Märchenwelt: Überall funkeln Gipskristalle und Tropfsteine im Licht der Lampen.

Geöffnet: Mai–Okt. u. Sommerfereien, Mi.–So., 9–16 Uhr, ansonsten Informationen beim Gemeindeamt Gams, Tel.: 00 43 (0) 36 37 / 2 06

Stalagmiten und Stalaktiten

Stalaktiten sind Tropfsteine, die von der Höhlendecke nach unten wachsen. Auch Stalagmiten sind Tropfsteine, aber sie wachsen vom Höhlenboden nach oben. In Tropfsteinhöhlen gibt es beide Formen.

Route 3: Klagenfurt und Kärnten

Die Sage erzählt, dass Klagenfurt erst entstehen konnte, als der Lindwurm, der im Sumpf hauste, getötet worden war. In Wirklichkeit erhielt Klagenfurt 1252 das Stadtrecht. 1514 brannte die Stadt nieder und der „arme" Kaiser Maximilian I. schenkte sie den Kärntner Adligen und Bürgern. Die bauten Klagenfurt wieder auf – mit Hilfe italienischer Baumeister. Die Stadt wird heute auch die „Rose vom Wörthersee" genannt.

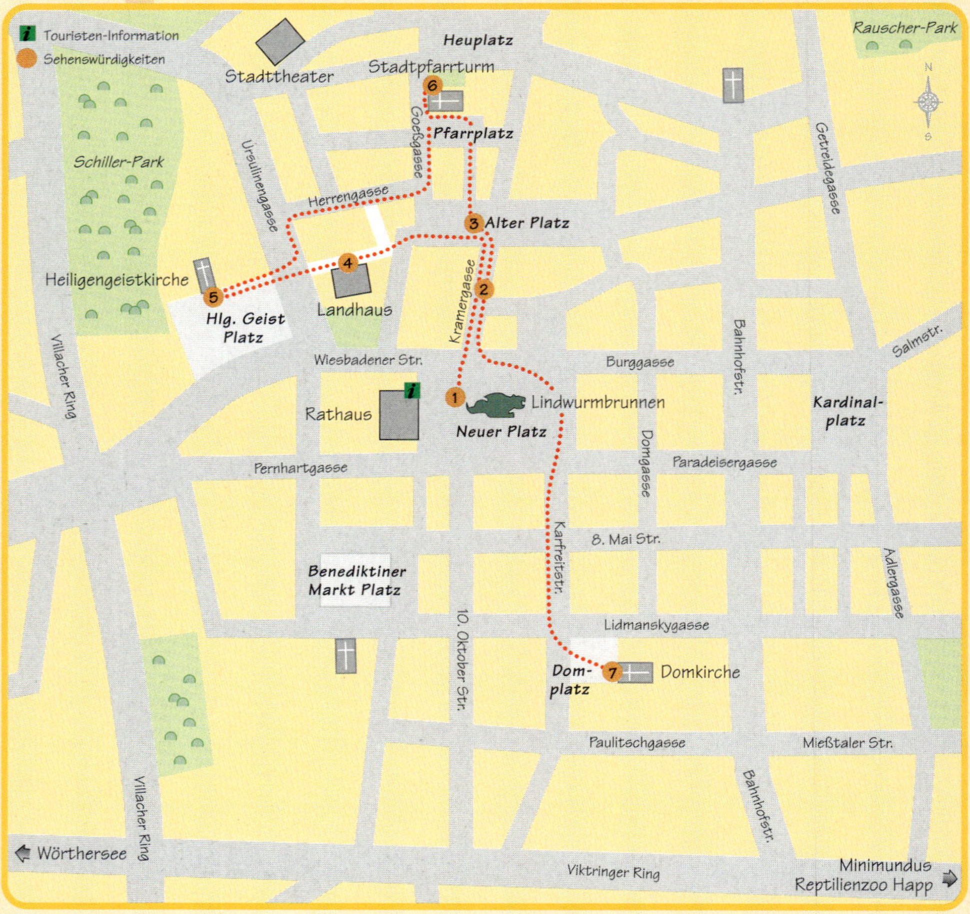

Der Lindwurm ist das Wahrzeichen Klagenfurts.

Los geht's!

1 Rund um den Neuen Platz

Der Neue Platz ist das Zentrum der nach 1518 wieder erbauten Stadt. Viele der Gebäude hier haben Arkadenhöfe. In der Mitte des Platzes plätschert der Brunnen mit dem Lindwurm, Klagenfurts Wappentier. Das Rathaus, ehemals das Palais Rosenberg, ist seit 1918 Sitz der Klagenfurter Stadtverwaltung (und der Touristen-Information). Vom Neuen Platz aus geht es in die Kramergasse.

2 Kramergasse im Jugendstil

Viele Häuser hier sind im so genannten Jugendstil erbaut. Diese Stilrichtung kam um die Wende vom 19. zum 20. Jahrhundert auf, Kennzeichen sind geschwungene Linien und floreale, also an Pflanzen erinnernde Muster und Strukturen.

3 Am Alten Platz

Das frühere Rathaus der Stadt ist ein ehemaliges Palais. Es wurde um 1600 erbaut und hat auch einen Arkadenhof. Weitere alte Häuser am Alten

Am Alten Platz trifft man sich in Klagenfurt.

Platz sind das Haus Nr. 19, erbaut um 1600, das Haus des Deutschen. Oder das Haus Nr. 24, „Blaue Kugel", das seit 1605 hier steht. Das Haus der „Goldenen Gans" ist das älteste Gebäude Klagenfurts, um 1489 wurde es gebaut.

4 Landhaus in der Stadt

Das Landhaus zwischen Altem Platz und Heiligengeistplatz zählt zu den Vorzeigebauten der Stadt. Im Innenhof siehst du eine der schönsten Renaissancefassaden. Im Wappensaal sind 665 Kärntner Wappen zu sehen. Ein Gemälde zeigt Kaiser Maximilian I. bei der Überreichung der Schenkungsurkunde an die Kärntner Landstände.

5 Mal so, mal so: die Heiligengeistkirche

Erst war die Heiligengeistkirche von 1563 bis 1600 protestantisch. Dann, um 1630, wurde sie katholisch. Und 1674 wurde ein Ursulinenkloster angefügt. Im Kloster leben noch heute Nonnen, die einen Kindergarten und Schulen führen. Eine besonders sehenswerte Anlage.

6 245 Stufen: der Stadtpfarrturm

Der 91,7 m hohe Turm der Stadtpfarrkirche St. Egyd am Pfarrplatz bietet in 70 m Höhe einen Blick auf die Altstadt und einen Panoramarundblick auf Wörthersee, Karawanken und Koralpe. Zu jeder vollen Stunde erklingt ein Glockenspiel.

Geöffnet: Mitte April–Okt., Mo.–Fr. 10–17.30, Sa. 10–12.30 Uhr

7 Domkirche am Domplatz

Erbaut wurde sie 1582 als protestantische Kirche mit angeschlossenem Spital. 1604 wurde sie an die Jesuiten übergeben, eine katholische Ordensgemeinschaft. Die Domkirche ist mit reichem Stuckdekor geschmückt.

Was gibt es sonst noch?

Minimundus

Auf 26 000 m² zeigt Minimundus am Wörthersee (Villacher Straße 241) 170 Modelle von bekannten Bauwerken und Fahrzeugen aus aller Welt. Alle Modelle sind im Maßstab 1:25 detailgetreu gefertigt. Informationen unter Tel.: 00 43(0) 4 63/ 21 19 40; geöffnet: April u. Okt., 9–17, Mai, Juni u. Sept., 9–18, Juli u. Aug.: 9–21 Uhr

Reptilienzoo Happ

Gleich um die Ecke, in der Villacher Straße 237, findet sich ein Reptilienzoo mit Schlangen, Echsen und Schildkröten aller Art. Riesenschlangen und Giftschlangen werden hier gezüchtet, aber auch heimische Schlangenarten.

Fütterungen samstags um 15 Uhr. Informationen unter Tel.: 00 43(0)4 63 / 2 34 25. Geöffnet: Sommer 8–18, Winter 9–17 Uhr, Nov. geschlossen

Schifffahrt mit Kino

Von Klagenfurt aus verkehren die Boote der Stadtwerke (STW) Klagenfurt auf dem Wörthersee. Im Sommer geht's mit dem Bus (der Linien 10, 11 und 12) von der Innenstadt

Die Welt im Kleinen: Minimundus.

ab Heiligengeistplatz zur Anlegestelle. Eine Rundfahrt über den See dauert drei Stunden. Auch das Dampfschiff „Thalia" von 1909, der letzte Schraubendampfer Österreichs, gehört zur Flotte.

Fahrplanauskunft auch für die Busse unter Tel.: 00 43 (0) 4 63 / 5 21-5 34

Museumstramway

Die bedeutendste und zugleich einzige Kärntner Straßenbahn der Neuzeit ist die Museumstramway am Klagenfurter Lendcanal. Die Strecke (1 km) führt von der Haltestelle am Buffet „Zur Tramway" bis ins Naturschutzgebiet „Im Moos". Juli u. Aug., Sa. 15–18, So. 10–12 u. 15–18 Uhr

Terra Mystica

Bei Villach am anderen Ende des Wörthersees wird der Besucher auf einer Grubenreise in eine geheimnisvolle unterirdische Wunderwelt geführt –Terra Mystica. Im Erdinneren sind mystische Shows zur Entstehung der Erde zu sehen. Angeschlossen ist das Bergbaumuseum mit 700 Jahren Bergbaugeschichte.

Geöffnet: Mai–Juni u. Sept.–Okt. täglich 11 u. 13, Juli–Aug., täglich 9.30–15 Uhr; Nov.-April, Sa. 15 Uhr Führung

Archäologischer Park Magdalensberg

Auf dieser größten Grabungsstätte Österreichs in Pischeldorf befindet sich eine städtische Siedlung aus spätkeltisch-frührömischer Zeit. Die Funde sind in 22 Einzelmuseen in den antiken Bauten ausgestellt. In den Ferien (Juli–September) werden für Kinder freitags von 15–18 Uhr Workshops angeboten: Münzen schlagen, Töpfern, Mosaike legen ... Anmeldung unter Tel.: 00 43 (0) 42 24/ 22 55; geöffnet: Mai–15. Okt., täglich 9–19 Uhr

Einmal Bergbauarbeiter sein.

Ein Ort, vier Museen

Im Museums- und Naturpark Hüttenberg östlich von Klagenfurt lohnt sich der Besuch gleich mehrfach. Außer einem Schaubergwerk mit Bergbaumuseum und Mineralienschau, einem Naturschutzgebiet mit Moor und einer historischen Eisenwerkanlage ist dort vor allem das Heinrich-Harrer-Museum sehenswert. Harrer war Bergsteiger und Forschungsreisender. Sein Leben wurde durch den Kinofilm „Sieben Jahre Tibet" weltberühmt.

Geöffnet: April–Okt., 10–17, Juli u. Aug. 10–18 Uhr. Informationen unter www.huettenberg.at

Deine Erlebnisse

Das war spannend: ....

....

....

....

....

Das war lustig: ....

....

....

....

....

Das war doof: ....

....

....

....

....

Platz zum Malen, Kleben, Schreiben ...

Spiele für drinnen und draußen

Ob die Sonne scheint oder es regnet – diese Spiele sind für jede Gelegenheit.

Ab durch den Tunnel!

Je mehr mitmachen, desto größer der Spaß.

Und so geht's: Alle stellen sich in einer Reihe hintereinander mit gegrätschten Beinen auf. Der Erste reicht einen Gegenstand zwischen seinen Beinen hindurch – zum Beispiel einen Ball, ein Tuch, einen Apfel. Der Gegenstand wird von Spieler zu Spieler durch den „Tunnel" weitergegeben. Der Letzte krabbelt schließlich nach vorn durch, und der Gegenstand geht erneut auf die Reise.
Wenn mindestens zwei Teams zu je drei Leuten mitspielen, kann auch ein Tunnelwettkampf veranstaltet werden.

Rot fängt

Ein Kartenspiel für zwei oder mehr Spieler
Material: Kartenspiel

Und so geht's: Karten mischen und alle gleichmäßig verteilen. Jeder Spieler legt sein Päckchen verdeckt vor sich hin

Nun nimmt nacheinander jeder Spieler die erste Karte von seinem Päckchen und legt sie aufgedeckt in die Mitte, wo langsam ein Stapel wächst. Das geht so lange, bis zum ersten Mal die Spielfarbe Rot auftaucht. Der Pechvogel, der diese Karte bei sich aufdeckt, muss alle Karten aus der Mitte nehmen und sie unter sein Päckchen legen. Sieger ist, wer zuerst keine Karten mehr hat.

Föhnfußball!

Für zwei oder mehr Spieler
Material: Ein Watteballchen, Markierungen für Tore (Gläser, Besteck, Stifte – oder was gerade zur Hand ist)

Anpfiff!
Die Tore sind aufgebaut, das Watteballchen in der Mitte der Tischplatte platziert. Die Spieler verteilen sich in zwei Teams rings um den Tisch und versuchen nun, das Bällchen mit den Strohhalmen quer über das Spielfeld in das gegnerische Tor zu pusten.

Watteparcours

Für einen oder mehr Spieler

Und so geht's: Mit Streichhölzern einen Hindernisparcours aufbauen und das Wattebällchen hindurchpusten.

Siamesische Zwillinge

Für zwei oder mehr Spieler

Wie das wohl ist, wenn man untrennbar miteinander verbunden ist? Auf jeden Fall ganz schön anstrengend! Bei diesem Spiel geht es um Kraft und um Geschicklichkeit. Zwei Spieler stellen sich Rücken an Rücken auf und verhaken ihre Arme miteinander. Und jetzt: Auf den Boden setzen! Dabei die Arme nicht lösen! Und wieder aufstehen! Und setzen! Und wieder aufstehen ...

Noch mehr Geschicklichkeitsspiele!

Für einen oder mehr Spieler

- Hände vor dem Körper falten und drübersteigen. Und wieder zurück!
- Mit der linken Hand an die Nase greifen, mit der rechten Hand an das linke Ohrläppchen. Dann mit der rechten Hand an die Nase und mit der linken an das rechte Ohrläppchen fassen, dann wieder anders rum – immer schneller!
- Mit dem Rücken an eine Wand stellen – ganz dicht, auch die Fersen sollen die Wand berühren. Und nun mit den Händen die Zehenspitzen berühren.
- Und jetzt umgekehrt: Mit dem Gesicht zur Wand stellen, mit der Stirn dagegenlehnen. Wie weit kannst du mit den Füßen zurücktreten und dich dabei trotzdem noch ohne Hilfe der Hände frei hinstellen?
- Auf den Boden knien, nach hinten greifen und die Fußgelenke umfassen. Und jetzt – vorwärtsbewegen!

Wilderer und Schmuggler

Nach altem germanischem Recht durften alle freien Bauern jagen. Im späten Mittelalter schränkte der Adel dieses Recht jedoch ein: Die Wälder mit allem darin lebenden Wild erklärten die Adligen zu ihrem Eigentum. Wer trotzdem unerlaubt jagte, wurde als Wilderer, Wildschütz oder Wilddieb angesehen.

Gegen die hohen Herren
Für die Bevölkerung waren Wilderer Helden, weil sie sich das Recht wiederholten. Wilderer – das waren mutige Rebellen gegen die Fürsten, von denen gerade die Bauern sich ausgenutzt sahen, weil sie hohe Steuern zu zahlen hatten. Und das gejagte Wild war für sie oft die einzige Möglichkeit, ihre Familien satt zu bekommen.

Gamsjäger
Vor allem Wilderer aus den Alpen wurden verehrt. Das Wildern in den Bergen verlangte Mut, Ortskenntnisse und bergsteigerisches Können. Besondere Anziehung für die Wildschützen hatte die Gams, die in felsigen und schwer erreichbaren Gebieten lebt. Der Gamsjäger musste also ein sehr geschickter Bergsteiger sein.

Gämse waren bei Wilderern sehr beliebt.

Harte Strafen

Gefangene Wilderer wurden hart bestraft. Sie mussten mit einem Hirschgeweih oder Gamskrickeln, den Hörnern des Gamsbocks, am Pranger stehen. Oder ihnen wurde die Wildererkappe aufgesetzt: ein Eisenring, der am Kopf „hart vernietet" wurde. Andere Strafen waren Gliederverstümmelung oder Zwangsarbeit.

> ***Dunkle Gestalten***
> *Geschmuggelt wurde im Schutz der Dunkelheit. Die Schmuggler, auch Schwärzer oder Pascher genannt, trugen oft dunkle Kleidung und schwärzten sich die Gesichter mit Ruß.*

Schmuggler unter sich

Die Grenzgebiete in den Alpen galten schon immer als Schmugglergebiet. Die Ware wurde in Rucksäcken über die Grenzen und über Alpenpässe gebracht. Im Winter schnallten die Schmuggler beim Bergaufsteigen Felle unter die Ski, um das Zurückrutschen zu verhindern. Bis ins vergangene Jahrhundert wurde noch geschmuggelt. So führten Schmuggler nach dem Zweiten Weltkrieg Kaffee, Tabak und Nylonstrümpfe nach Österreich ein.

Den Schmugglern auf der Spur

Viel Spaß machen Wanderungen auf alten Schmugglerpfaden. So zum Beispiel in Tirol im Gebiet um den Wilden Kaiser: Hier verläuft der Adlerweg, benannt nach seiner Streckenführung, die an einen Adler erinnert. Er führt in 23 Etappen von St. Johann nach St. Anton, insgesamt 300 km. Es geht auch durch die „Diebsöfen", wo Schmuggler früher in Felsvorsprüngen und in Höhlen ihre Waren lagerten.

Aufgepasst – Murmeltiere!

Tiere und Pflanzen in den Bergen

In Österreich gibt es viele unterschiedliche Tiere und Pflanzen. Fast alle Pflanzen in den Alpen stehen unter Naturschutz. Das heißt, sie dürfen nicht gepflückt, nicht ausgegraben oder gar mitgenommen werden. Um Tiere zu beobachten, braucht man Kenntnisse der Natur, vorsichtiges Verhalten oder auch einfach Glück. Einfacher ist es, einen Wildpark zu besuchen. Auf dieser Seite werden einige Tiere und Pflanzen aus Österreich vorgestellt.

Im so genannten Krummholzgürtel in Höhen zwischen 1700 und 2400 m wächst die **Latsche**, auch **Legföhre** oder **Zwergkiefer** genannt, die auch unter einigen anderen Namen bekannt ist. Ihre dunkelgrünen Nadeln sind bis zu 5 cm lang.

Die **Alpenrosen** blühen in den verschiedensten Rottönen. Es gibt die Rostblättrige, die Raublättrige und die Zwergalpenrose. Sie haben prächtige Blüten.

Der **Enzian** blüht meistens blau. Einige der verschiedenen Arten sind dunkelblau, andere himmelblau. Aber es gibt auch den purpurfarbigen und den gelben Enzian. Aus dessen Wurzeln wird ein Schnaps hergestellt, der ebenfalls den Namen „Enzian" trägt.

Der Enzian in voller Blüte.

Die wohl bekannteste Bergblume ist das **Edelweiß** mit den weißpelzigen Blättern, die sternförmig die Blüte umgeben. Bis in fast 3000 m Höhe wächst es auf Kalksteinfelsen.

Der **Alpensalamander** ist glänzend schwarz. Er lebt in feuchten Gebieten bis in 3000 m. Anders als seine schwarz-gelben Verwandten aus dem Tiefland legt er keine Eier, sondern bekommt lebende Junge.

Sie sehen sich ähnlich, **Alpenkrähe** und **Alpendohle**. Beide haben ein schwarzes Gefieder. Bei der Ersteren ist der Schnabel rot. Die Letztere ist etwas kleiner, hat einen gelben Schnabel und rote Beine. Sie kann Menschen gegenüber recht zutraulich werden.

Der **Steinadler** hat eine Spannweite (bei ausgebreiteten Flügeln von Flügelspitze zu Flügelspitze gemessen) von mehr als zwei Metern. Sein Nest, den Horst, baut er an Felswänden. Er ist so kräftig, dass er Murmeltiere und Gamskitze greifen kann.

Der **Alpenschneehase** ist kleiner als sein Verwandter vom Feld. Er hat im Winter schneeweißes Fell, nur die Ohrenspitzen bleiben schwarz. Dann zieht er in die Wälder, im Sommer lebt er in einer Höhe zwischen 1300 bis 3000 m.

Das gesellig lebende **Murmeltier** bewohnt die Bergwiesen, wo es Gräser und Kräuter frisst und seine Baue gräbt. In den gut mit Heu ausgepolsterten Höhlen hält die ganze Sippe den langen Winterschlaf. Bei Gefahr warnen die Tiere einander mit gellenden Pfiffen.

Kaum ein anderes Tier bewegt sich im Fels so behände wie die **Gams**. Schon die Kitze klettern und springen sicher. Die Tiere leben in Rudeln zusammen. Bei Gefahr wird mit Pfiffen und Aufstampfen gewarnt. Männchen und Weibchen tragen Hörner, auch Krickeln oder Krucken genannt.

Beim **Steinbock** lebt das Männchen als Einzelgänger, die Weibchen bilden mit den Jungen Rudel. Ihr Fell ist im Sommer rötlich grau, im Winter gelblich grau. Das Männchen hat lange, gebogene Hörner, das Weibchen wesentlich kürzere.

Vor 150 Jahren wurde der **Braunbär** in Österreich ausgerottet. Heute leben wieder etwa 30 Bären in versteckten Alpenregionen.

Wildparks

In Wildparks ist die Begegnung mit heimischen Tieren garantiert:

- Elfenberg in Mautern, Tel.: 00 43 (0)3845/2268, Mai–Okt.
- Hochkreut in Neukirchen bei Altmünster, Tel.: 00 43(0)76 18/8205, Ostern bis Ende Okt.
- Alpenwildpark Feld am See, Tel.: 00 43(0)42 46/27 76, Mitte April–Okt.
- Rosegg am Wörthersee, Tel.: 00 43(0)42 74/5 23 57, April–Anf. Nov.
- Vogelpark Gastein in Bad Gastein, Tel.: 00 43(0)64 34/3435 oder 5365, Mai–Nov.
- Ferleiten in Fusch, Großglocknerstraße, Tel.: 00 43(0)6546/220, Anfang Mai–Nov.
- Untertauern, Tel.: 00 43(0)6455/238, Anfang Mai–Okt.
- Aurach, Tel: 00 43(0)5356/65251, Mitte Dez.–Mitte Nov.
- Thal-Assling 00 43(0)48 55/84 82, Mai–Mitte Okt. 9–19 Uhr

Blumen und Bergmonster leicht gemacht

Lass es blühen!

Material:

Seidenpapier in verschiedenen Farben, Fotokarton, Kleber

Sehen die vielen blühenden Blumen in den Gärten der Bauernhäuser nicht schön aus? Einen Garten, der nie verwelkt, kannst du dir aus buntem Papier leicht selbst machen.

So geht's:

Zuerst den Garten mit Bleistift vorzeichnen – da können natürlich lauter Fantasieblumen blühen! Vielleicht fliegen auch Schmetterlinge von einer Blüte zu anderen? Nun das Seidenpapier in Stückchen reißen und zu Kügelchen rollen. Klebstoff auf die Vorlage streichen und den Garten mit den bunten Kügelchen ausfüllen. Die sehen jetzt aus wie Früchte. Du kannst auch Schmetterlinge basteln, Blätter kleben, eine Sonne an den Himmel hängen ...

Bergmonster

Material:

Bunte Knete, Wunderkerzen

Alle möglichen Sagengestalten bevölkerten früher in der Fantasie der Menschen die unzugänglichen Bergregionen. Mit ein bisschen Knete und Wunderkerzen lassen sich die unheimlichen Bergwesen wieder zum Leben erwecken!

So geht's:

Aus Knete Monster, Drachen, Gnome oder andere Fantasiegestalten formen. Alle haben ein weit aufgerissenes Maul, denn sie spucken Feuer. Dazu einfach die Wunderkerzen hineinstecken – und deine Eltern bitten, sie anzuzünden. Am besten im Dunkeln.

Wilde Fluten und Wasserfälle

Wo Berge sind, gibt es auch Wasserfälle. Wenn das Wasser den Berg laut brüllend hinabschießt, zeigt es auf beeindruckende Weise, dass es eine richtige Naturgewalt ist. Und wunderbar anzuschauen – je höher der Wasserfall, desto besser!

Krimmler Wasserfälle

380 m tief stürzen die Fluten der Krimmler Ache über drei Stufen in die Tiefe – ein tolles Naturschauspiel! Das Schmelzwasser von 23 Gletschern sorgt unablässig für Nachschub. Die Krimmler Wasserfälle sind die höchsten in Österreich. Auf einem 4 km langen Wanderweg mit Aussichtskanzeln ist das Spektakel ganz aus der Nähe zu sehen. Der Weg startet am Wasserfallparkplatz bei Krimml. Regenzeug nicht vergessen – es wird ziemlich feucht!

Noch ein Tipp:

Bei einem Besuch der WasserWunderWelt in Krimml lassen sich Geheimnisse des Wassers entdecken. Da geht es zum Beispiel um den Wasserdruck in Bäumen, um Strömung in Fließgewässern oder den weiten Weg des Wassers von den Gipfeln der Tauern bis zu den Krimmler Wasserfällen.

Haus des Wassers, AquaPark, geöffnet: Mai–Okt. tägl. 10–17 Uhr, www.wawuwe.at

Durch die Klamm der Breitach

Der Begriff „Klamm" ist verwandt mit dem Wort „klemmen" und bezeichnet eine meist enge Schlucht, die ein Gebirgsbach über Jahrtausende in den Fels gegraben hat.
Eine der schönsten Gebirgsbachschluchten liegt im Kleinwalsertal nahe dem bayerischen Ort Oberstdorf. Das Kleinwalsertal gehört zwar

In der WasserWunderWelt ist alles über Wasser zu erfahren.

Die Krimmler Wasserfälle sind fast 400 m hoch.

zum österreichischen Bundesland Vorarlberg, ist aber durch eine hohe Gebirgskette von Österreich getrennt. Der Eingang zur Breitachklamm befindet sich auf österreichischem Gebiet in der Nähe des Gasthofes Walserschanz an der Grenze. Ein 6 km langer Weg führt von Oberstdorf dorthin. Durch die Klamm geht es dann über einen Steig mit vielen Brücken und Aussichtspunkten. Rechts und links ragen die Felswände eindrucksvoll in die Höhe! Der Ausgang der Klamm liegt in Deutschland.

Gold! Gold! Gold!

Oder doch nur Moos? In den Felsnischen an den Krimmler Wasserfällen wächst das so genannte Leuchtmoos, eine besondere Moosart, deren Zellen Licht reflektieren. Dann blinkt es je nach Lichteinfall golden auf.

Des Nachts am Stuibenfall ...

Vom Ötzidorf in Umhausen (Seite 33) zum Stuibenfall führt ein gut ausgebauter Wanderweg entlang dem Horlachbach. Der Stuibenfall ist Tirols höchster Wasserfall mit 159 m Fallhöhe. Nach etwa 40 Minuten Fußmarsch ist er schon zu sehen. Ganz nah kommt man heran, wenn man über einen kleinen Steig geht. Wer noch bis zur Stuibenfallhütte weiterläuft, kann ihn immer wieder sehen. Von Mai bis Oktober wird der Stuibenfall mittwochs bis Mitternacht beleuchtet.

Basteln ist keine Zauberei

Zauberbild
Schöne Motive für ein selbst gemaltes Bild gibt es fast überall. Aber ein Zauberbild, auf dem gleichzeitig Winter und Sommer ist – das ist schon etwas Besonderes!

Material:
2 Zeichenblätter DIN A4,
1 Zeichenblatt DIN A3, Malstifte, Lineal, Schere, Kleber

So wird's gemacht:

1. Leg die beiden A4-Blätter hochkant vor dich hin und zeichne auf jedes das gleiche Motiv, zum Beispiel eine Alpenlandschaft. Aber Achtung: Auf dem einen Bild ist Sommer, auf dem anderen Winter!
2. Schneide beide Bilder in zwei Zentimeter breite Längsstreifen, also immer an der langen Seite entlang. Dazu markierst du am besten mit dem Lineal die Abstände und nummerierst die Streifen auf jedem Bild durch. Das ist nützlich, damit beim nächsten Schritt nichts durcheinandergerät.
3. Jetzt klebst du die Streifen nebeneinander auf das A3-Blatt (das liegt quer). Immer abwechselnd einen Streifen vom Sommer- und einen vom Winterbild.
4. Zum Schluss faltest du das große Blatt wie eine Ziehharmonika entlang den Streifen und ziehst es nur ganz leicht wieder auseinander. Wenn du dein Bild nun von der einen Seite betrachtest, hast du eine Sommerlandschaft vor dir. Von der anderen Seite aus herrscht dagegen Winter.

Du kannst natürlich auch zwei ganz verschiedene Motive malen, die aber irgendwie miteinander zu tun haben, zum Beispiel einen Schneemann und als Gegensatz dazu eine Blumenwiese. Bestimmt fällt dir noch mehr ein!

Muh-Karton für daheim

Im Muh-Karton finden alle Urlaubsmitbringsel und Sammelstücke ihren Platz. Und eine Erinnerung an die netten Alm-Rinder hast du damit auch.

Material:
Ein weißer Schuhkarton mit Deckel (möglichst ohne Aufschrift),
dicke Filzstifte in Braun oder Schwarz,
weißer Fotokarton, Kleber,
Glöckchen (aus dem Bastelgeschäft),
Nadel und Faden

So wird's gemacht:
Nicht alle Kühe in Österreich sind braun, es gibt auch braun oder schwarz gescheckte. Auf den Karton werden zuerst Fellflecken aufgemalt, in Braun oder Schwarz. Das Kuhgesicht zeichnest du am besten mit Bleistift auf dem Fotokarton vor, bevor du es ausschneidest, anmalst und oben auf den Deckel klebst. Du kannst auch ein Kuhfoto nehmen. Eine Kuh braucht natürlich auch eine Glocke. Einfach auffädeln, mit der Nadel zwei Löcher durch die Deckelkante unter dem Gesicht bohren und befestigen. Muh!

Spezial-Alpenglühen-Brille

Ein toller Anblick, wenn die Felshänge der Berge im Schein der untergehenden Sonne in den schönsten Rottönen aufleuchten! Mit einer selbst gebastelten Spezialbrille sieht die Welt jeden Tag so aus – auch wenn es regnet.

Material:
Fotokarton, Transparentpapier in Rot, Orange oder Rosa, Schere, Kleber

So wird's gemacht:
Aus Fotokarton eine Brillenform ausschneiden (mit Bleistift vorzeichnen!) und mit dem farbigen Transparentpapier bekleben. Nur noch die überstehenden Papierzipfel abschneiden, fertig ist die Brille. Falls dir die Brillenform zu schwierig ist, kannst du auch einfach eine große Lupe basteln.

Auf geht's in die Berge

Mit dem Auto kann man nicht immer an die schönsten Orte fahren. Zu Fuß kommt man (fast) überallhin. Egal ob die Wanderung über belebte Wanderwege führt oder an Orte, wo keine Menschenseele zu sehen ist, ob hoch auf den Berg oder hinunter ins tiefe Tal: Langweilig wird so eine Wanderung nie. Dafür sorgen winzige Bergdörfer, ungewöhnliche Tiere und Pflanzen, donnernde Wasserfälle, dunkle Höhlen und ein oft unglaublich weiter Blick.

Rund um Irschen

Gehzeit: 3 bis 4 Stunden
Höhenunterschied: 350 m
Die Wege sind bequem und breit, also: einfach zu wandern. Die Strecke verläuft von Irschen nach Suppersberg über das Bergdorf Griebitsch zum Bergdorf Leppen. Auf dem Weg muss im Wald von Griebitsch der wilde Mödritschbach überquert werden. Weiter geht es hinter Leppen über die Bergstraße am Kräuterhaus vorbei zurück zum Ausgangspunkt. An den Hängen oberhalb des Kräuterdorfes Irschen liegen Bergbauernhöfe. Die Bauern pflegen die Bergwiesen und sorgen für den Kräuterreichtum in der Natur. Bei der Wanderung zu den Irschner Bergbauernhöfen kommt man auch an Rosemaries Kräutergarten vorbei. Die Kräuterbäuerin zeigt gerne ihren schönen Garten und erklärt all die Pflanzen und Kräuter. Es gibt sogar eine richtige Kräuterwerkstatt.

Tel.: 0043(0)4710/3169 (Voranmeldung)

Entlang der Großglockner Hochalpenstraße

Eine leichte Wanderung
Von Fusch an der Glocknerstraße geht es bis zurück zum Fuscher Törl. Über die Großglockner Hochalpenstraße gelangt man mit dem Auto in die Kernzonenbereiche des Nationalparks Hohe Tauern. Um die unmittelbare Nähe der Natur zu erfahren, sollte man aber zu Fuß auf den Lehrwegen laufen, die zu unterschiedlichen Themen informieren. Informationsstellen und Tafeln sind direkt an

der Großglockner Hochalpenstraße aufgestellt. So geht es zum Beispiel auf dem „Panoramaweg Piffkar" um Almwiesen, beim „Parkplatz Hochmais" um die hochalpine Bergwelt und die Gletscher. Am „Obernaßfeld" befindet sich das „Wilfried-Haslauer-Haus", Forschungsstätte und Nationalparkinformationsstelle. Weitere Informationspunkte gibt es auf der Edelweißspitze, dem Elendboden, am Fuscher Törl und auf Kärntner Seite auf dem Gletscherweg Pasterze.

Von der Wenneberger Alm zum Dachskofel
Gehzeit: 3 ½ Stunden
Höhenunterschied: 550 m
Die Wanderung beginnt auf der Weneberger Alm, an der Sennerhütte Unteralmhütte, auf 1838 m. Von der Unteralmhütte aus führt ein Bergweg über die drei Steinmanderln hinauf zum Lamnitzsee und von dort auf den 4-Berge-Panoramaplatz am Dachskofel auf 2373 m. Hier oben ist die Welt der Murmeltiere und Dachse. Über das Hochtal steigt man wieder zur Unteralm ab.

Europa Panoramaweg
Gehzeit: 2 Stunden
Höhenunterschied: 150 m
An der Bergstation Bergbahnen Kals geht es los auf die Bergstation Goldried Bergbahnen. Der Wanderweg ist fast die ganze Zeit eben und gut ausgebaut. Oben wartet als Belohnung ein Panoramablick auf mehr als 60 Dreitausender!

Unterwegs auf dem Bründlweg
Gehzeit: 3 Stunden
Höhenunterschied: 200 m
Ausgangspunkt und Ziel der Rundwanderung ist Pogusch, Steirereck Parkplatz. Bründl sind Brunnen, und die finden sich auf diesem Rundwanderweg reichlich! 22 Brunnenanlagen mit frischem Quellwasser liegen am Wegrand. Da muss nichts zu trinken mitgenommen werden!

Es geht vorbei an Bauernhöfen, in denen eigene Naturprodukte angeboten werden. Der Weg führt über Waldwege und Forststraßen.

Einmal durch den Naturlehrweg Seebachtal

Gehzeit: 1 Stunde
Höhenunterschied: 50 m
Los geht's am Parkplatz Ankogelbahn bei Mallnitz. Das ist zugleich der Zielpunkt dieser 4 km langen, leichten Rundwanderung. Der Weg verläuft fast waagerecht, teilweise führen Brücken über den moosigen Untergrund. Es geht vorbei am Stappitzer See, einem einzigartigen Gebirgs-Steppensee. Danach wird die Abzweigung zum Lehrweg erreicht. Hier ist festes Schuhwerk erforderlich. Über den Weg geht es weiter zur Schwußner Hütte, einer gemütlichen Jausenstation, die zu einer Rast einlädt. Der Weg führt durchs Seebachtal, eines der schönsten Tauerntäler. Hier stürzen ein Dutzend Wasserfälle ins Tal. Die Hochalmspitze, Tauernkönigin genannt, überragt den Talschluss. Rückweg über den bequemen Hüttenweg (Fahrstraße, aber für Verkehr gesperrt).

6-Seen-Wanderung Tauplitzalm

Gehzeit: bis zu 5 Stunden
Höhenunterschied: 100 m
Der Rundweg beginnt und endet am Parkplatz Tauplitzalm. Er kann bis zu 5 Stunden ausgedehnt werden, falls die 6-Seen-Variante gewählt wird. Einfacher, kürzer und schneller geht es mit dem Sessellift. Die Wanderung führt an 6 Seen auf der Tauplitzalm vorbei, dem größten Seen-Hochplateau Mitteleuropas in 1600 m Höhe. Die beste Zeit für diese Wanderung ist Juli, wenn der Almrausch blüht.

Was stimmt hier nicht?

Auf dem linken Bild haben sich sechs Dinge eingeschlichen, die es in Österreich gar nicht gibt! Welche? Die Auflösung steht auf Seite 94.

Hier kannst du dein eigenes Bild malen!

Bräuche und Feste

Manche Bräuche und Feste sind in Österreich die gleichen wie in Deutschland, zum Beispiel Fasnacht. Manches ist aber auch ein bisschen anders, wie zum Beispiel die Anklopfnächte, in denen Kinder für das Aufsagen von Gedichten oder das Singen von Liedern Süßigkeiten bekommen. Einige Feste, Feiertage und Bräuche kennen wir in Deutschland gar nicht.

Nationalfeiertag

Der 26. Oktober ist der österreichische Nationalfeiertag. Im Mai 1955 wurde der Österreichische Staatsvertrag unterzeichnet. Er sollte Österreich nach der Besatzungszeit wieder die Freiheit bringen. Frankreich, Großbritannien, die USA und die Sowjetunion mussten den Vertrag in Kraft setzen. Nachdem die letzte Urkunde dazu hinterlegt worden war, begann eine Frist von 90 Tagen, in der die Besetzer Österreich zu verlassen hatten. Der 26. Oktober war der erste Tag, an dem keine fremden Truppen mehr in Österreich standen.

Die gruselige Habergeiß begleitet Frau Percht.

Frau Percht geht um

Früher glaubte man, in der Nacht vom 5. auf den 6. Dezember schaue Frau Percht, eine Sagengestalt, nach ungehorsamen Menschen. Perchtenläufe finden Anfang Dezember statt, vor allem am 5. und 6. Dezember. Bei den Umzügen ist auch die Habergeiß mit dabei, die Begleitung der Percht. Sie trägt eine „Buckelkraxe" auf dem Rücken, einen Tragekorb, wie ihn früher die Bauern hatten. Kindern wird erzählt, die Habergeiß nehme in dieser Kraxe die Kinder mit. Die kostümierten Figuren sind oft größer als zwei Meter und furchteinflößend.

Klöckler und Anklopfnächte

Seit dem 16. Jahrhundert wurde Klöpfeln zu einem Heischebrauch der Kinder, das heißt, es gibt Süßigkeiten beim Aufsagen von Versen und Singen von Liedern. Vermummte Kinder ziehen mit Glocken und Knarren lärmend von Haus zu Haus und klopfen mit Hammer und Besen an Haustüren und Fenster. Auf den Köpfen tragen sie bemalte oder beklebte Gebilde aus Papier. Sie sind von innen her beleuchtet. Durch die weiße Kleidung bringen sie Licht in die dunkle Nacht und wünschen Glück für das neue Jahr. Anklopfnächte sind die Nächte der drei Donnerstage vor Weihnachten.

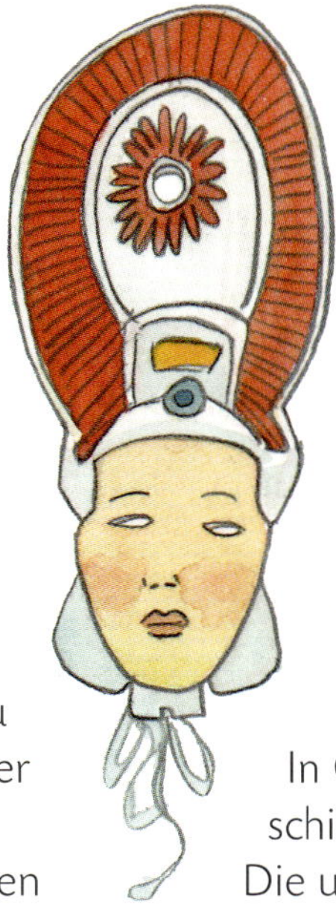

Fasnacht

Die närrische Zeit wird in vielen Gebieten Österreichs noch traditonell mit Umzügen und so genannten Gschnasen und anderen Festen gefeiert, in denen typische Figuren auftreten. Das sind vor allem Figuren, die den Kampf zwischen Gut und Böse, Hell und Dunkel oder Recht und Unrecht widerspiegeln. Bei den Umzügen dabei sind oft jahrhundertealte Fasnachtsfiguren. Oder so beeindruckende Masken wie beim Schemenlaufen in Imst in Tirol, das nur alle vier Jahre gefeiert wird.

Alte Trachten

In Österreich werden viele unterschiedliche Trachten getragen. Die ursprüngliche Bedeutung von „Tracht“ ist etwa: was man trägt. Trachten sehen von Gemeinde zu Gemeinde anders aus. Allein in der Steiermark gibt es 70 verschiedene Frauentrachten. In einigen Gegenden wird am Sonntag und zu hohen Festen Tracht getragen. Im Ausseerland werden Trachten von der einheimischen Bevölkerung auch im Alltag getragen, vor allem von den Älteren. Die Einheimischen sehen es gar nicht so gern, wenn Fremde ihre Tracht tragen.

Österreichisches Wörterbuch

Adabei Wichtigtuer, Angeber (einer, der immer „a dabei", also auch dabei ist, wenn irgendwo was Wichtiges oder Interessantes passiert)

Backhendel Backhähnchen (aber österreichisch zubereitet: paniert und dann frittiert)

Bumstinazi! Hoppla!
Busserl Küsschen
Erdäpfel Kartoffeln

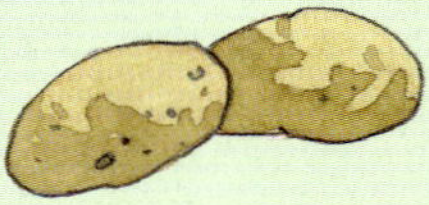

Frankfurter Würstchen
Achtung: So heißen in Österreich die Wiener Würstchen!

Gemma! Gehen wir!
Gendarmerie Polizei
Häusl Klosett
Karfiol Blumenkohl
Kasten Schrank

Kotz Katze
Kracherl Limonade
leiwand gut, toll
Marillen Aprikosen
Nasenramel Popel
Obers Schlagsahne
Paradeiser Tomaten

Piefke
abfälliger Ausdruck für Deutsche

Powidl Zwetschkenmus
Ribisel Johannisbeeren
Sackerl Tüte
Semmel Brötchen

Servus Hallo
Sessel Stuhl
So ein Kas! So ein Blödsinn!
Topfen Quark
Trafik Tabak- und Zeitungsladen
urfad oberlangweilig
urlässig cool
Watschn Ohrfeige
Wuzerl Baby, kleines Kind
Zwetschkenröster
eine Art Zwetschkenkompott

... und die Schule?

Die ersten vier Schuljahre verbringen österreichische Kinder in der Primar- oder Volksschule. Und sie fangen früh an, Fremdsprachen zu lernen: Ab der dritten Klasse, in manchen Bundesländern bereits ab der ersten, findet eine Stunde pro Woche Unterricht in einer Fremdsprache statt.

Bei Fünf ist Schluss

Die Schulnoten sind ähnlich wie bei uns: Die beste Note ist die 1, die schlechteste die 5. Mieser geht's nicht, eine 6 gibt es nämlich nicht.

Einmal Nachzapf, bitte!

Österreichische Gymnasiasten machen kein Abitur, sondern die Matura; so nennt man die Reifeprüfung. Wer sie nicht schafft, hat noch eine Chance zum Nachzapf – das ist die Wiederholungsprüfung.

Guten Morgen, Frau Professor!

Auf dem Gymnasium werden die Lehrer nicht mit Namen, sondern mit Herr oder Frau Professor angeredet – selbst wenn sie gar keinen Professoren-Titel haben.

!

Kinderlieder aus Österreich

Viele bekannte Kinderlieder oder zumindest die Melodien stammen ursprünglich aus Österreich. Zum Beispiel das Lied „Kuckuck, Kuckuck, ruft's aus dem Wald". Den Text hat sich Heinrich Hoffmann von Fallersleben ausgedacht, die Melodie jedoch ist eine österreichische Volksweise. Und die Melodie von „Kommt ein Vogel geflogen" ist eine alte Tanzmusik. Andere österreichische Kinderlieder werden auch bei uns gern gesungen, zum Beispiel: „O du lieber Augustin" und „Die Tiroler sind lustig".

Drudelseil

Spiel für zwei und mehr Spieler
Material: ein Seil (z. B. ein Springseil)

So wird gedrudelt:
Schon mal von Drudeln gehört? Es geht ganz leicht. Stell dir vor, du schaust aus der Vogelperspektive auf einen Gegenstand hinunter, zum Beispiel auf ein Boot, einen fliegenden Schmetterling, oder – schwieriger – auf eine Kuh. Was für einen Umriss würdest du dann sehen? Versuch ihn mit dem Seil nachzuformen. Die anderen müssen raten, was das so gelegte Seil darstellt.

Der wilde Jiggl

Jiggl, der Wilderer, ist gefangen! Wer befreit ihn?

So wird gespielt:
Jiggl befindet sich in einem Gefängniskreis von etwa 6 Meter Durchmesser, der mit Stöcken, Seilen oder anderen Gegenständen markiert ist. Neben Jiggl steht der Förster. Um den Kreis herum bewegen sich Jiggls Wildererkumpane. Sie könnten ihren Freund ganz einfach befreien, indem sie ihn an der Hand aus dem Kreis ziehen. Wenn da nicht der Förster wäre! Er braucht einen der anderen Wilderer nur zu berühren, schon wandert auch der ins Gefängnis. Gelingt es, Jiggl zu befreien? Dann werden der nächste Wilderer und der nächste Förster neu bestimmt. Oder schafft es der Förster, alle Wilderer ins Gefängnis zu bringen? Auch dann beginnt das Spiel von neuem.

Müllsackwettrennen

Ein Spiel für zwei oder mehr Spieler
Material: pro Spieler ein Müllsack und ein Ball; zwei Stöcke zur Markierung von Start und Ziel

So wird gespielt:
Jeder Spieler steigt in einen Sack und stellt sich am Start auf. Vor seinen Füßen liegt ein Ball. Den muss er nun hüpfend irgendwie Richtung Ziel schubsen. Wer schafft das zuerst? Varianten: ohne Ball um die Wette hüpfen; rückwärts hüpfen, Hindernisse aus dem Weg räumen!

Alpen-Abc

Im Auto, auf Wanderungen oder immer dann, wenn man Wartezeit überbrücken muss: Mit dem Alpen-Abc kein Problem! Und es macht auch Spaß, wenn man es allein spielt.

So geht's:
Buchstabe für Buchstabe wird versucht, möglichst viele Begriffe aus den Alpen zusammenzubekommen – von A wie Alpenglühen und Almenrausch über J wie Jause und Jodler bis Z wie Zither. Wenn einem zu einem Buchstaben überhaupt nichts einfällt, geht es mit dem nächsten weiter. Bei der nächsten Runde kann man das Begriffsfeld auch auf ganz Österreich ausdehnen.

Stein-Boccia

Material: ein großer Stein, zehn kleine Steine pro Spieler, Filzstifte

So wird gespielt:
Jeder Spieler markiert seine Steine zunächst mit Filzstift. Der große Stein wird mitten auf eine Wiese gelegt. Aus einem festgelegten Abstand wirft nun jeder Spieler einen seiner Steine zu dem Zielstein. Wer am nächsten dran ist, darf alle Steine einsammeln. So geht es Runde um Runde. Das Spiel ist zu Ende, sobald ein Spieler keine Wurfsteine mehr hat; Sieger ist der mit den meisten Steinen.

Österreichische Rezepte

Jedes Bundesland in Österreich hat seine besonderen Spezialitäten. Einige davon sind sehr schwer zuzubereiten, etwa Salzburger Nockerln. Ein Kaiserschmarrn ist hingegen leicht zu machen. Allerdings: Mit einer erwachsenen Küchenhilfe geht es am besten!

Kaiserschmarrn

Zutaten:

1/8 l Milch, 1 EL Sauerrahm,
4–5 Eier, 60 g Zucker,
125 g Mehl, 1 Prise Salz,
eingeweichte Rosinen nach Geschmack, Butter, Puderzucker

Zubereitung:

1. Milch, Sauerrahm, Eigelb vom Eiweiß trennen. (Eiweiß aufheben!) Dann das Eigelb, Zucker und Mehl mit dem Schneebesen gut vermengen, leicht salzen, Rosinen unterrühren.
2. Nun das Eiweiß zu steifem Schnee schlagen. Den Eischnee vorsichtig unter die Masse heben.
3. Butter in der Pfanne erhitzen, Teig eingießen, auf der einen Seite goldgelb backen, dann wenden.
4. Teig nach etwa 1 Minute mit Gabeln in Stücke reißen – nicht schneiden! – und noch etwa 2 Minuten einige Male lockern, wenden und fertig backen.
5. Mit dem Puderzucker bestäuben.

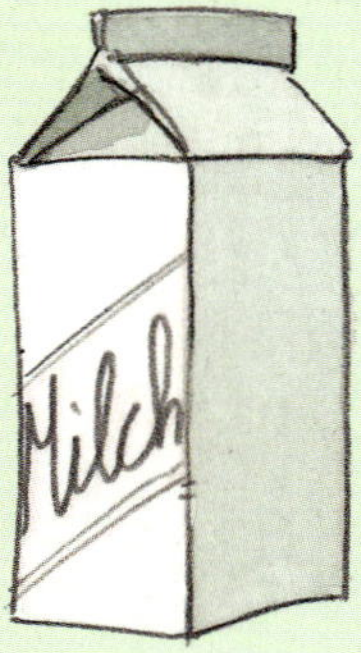

Tiroler Speckknödel

Zutaten: sechs trockene Brötchen, etwa 1/4 l Milch, 2–3 Eier, 100 g Speck, 150 g geräucherte Wurst, 30 g Butter, 1/2 Zwiebel, Petersilie und Schnittlauch nach Geschmack, etwa 3 EL Mehl

Zubereitung:

1. Die Brötchen in kleine Würfel schneiden und salzen. Die Milch mit den Eiern verquirlen, über das Brot gießen, leicht unterheben. Die Masse zudecken und eine halbe Stunde stehen lassen.
2. Speck fein schneiden und ausbraten. Wurst klein schneiden und zur Brotmasse geben.
3. Die Zwiebel in Butter anrösten, die geschnittenen Kräuter dazugeben.
4. Das Mehl darüberstreuen, mit einem Kochlöffel alles mischen und zusammendrücken. Die Masse soll fest sein, aber nicht kleben.
5. Mit nassen Händen 8 bis 12 gleich große Knödel formen. Knödel in leicht köchelnde Brühe geben und etwa 12 Minuten kochen lassen. Wenn sie gar sind, steigen die Knödel in der Brühe auf.

Auf der Alm telefonieren

Ob aus Steinen oder Tannennadeln, irgendwas findet sich immer, um daraus etwas zu basteln. Oder wie wäre es mit einem Telefon? Ist ganz einfach. Hier kommen Tipps für schöne Urlaubserinnerungen oder wenn dir einfach mal langweilig ist.

Verrückte Steine

Material: Flache Flusskiesel oder ungewöhnlich geformte Steine, wasserfeste Malstifte

So geht's:

An flachen Bachufern kann man wunderbar Steine sammeln. Schau sie dir mal genauer an: Steckt nicht in jedem ein Steinwesen? Eines mit einem Grinsegesicht, einer Höckernase oder einem ganz fiesen Ausdruck? Mit einem Farbstift lassen sich diese Züge noch stärker herausarbeiten. Und am Ende hast du eine Sammlung von verrückten Steinen, die sich zugleich als Briefbeschwerer oder Türstopper eignen. Ein schönes Mitbringsel!

Ketten aus Fundstücken

Material: Zwirn, eine Nadel zum Auffädeln und alles, was die Schatzkiste der Natur so bereithält: Hagebutten, leere Schneckenhäuschen, Eichelhütchen, kleine Zweiglein, Federn ...

So geht's:

Bei jeder Wanderung solltest du einen zusammengefalteten Beutel in der Hosentasche haben. Denn unterwegs findest du garantiert jede Menge Material für Naturschmuck. Also: alles hamstern und dann abends oder an einem Regentag sortieren und auffädeln.

Die Ketten sehen übrigens auch als Fenster- oder Türschmuck schön aus!

Alm-Telefon

Material: 3 Meter Nylonschnur, zwei Jogurtbecher aus Plastik

Stell dir vor, du lebst in einer einsamen Almhütte – es gibt kein Telefon, und dein Handy funktioniert nicht. Nachts willst du noch ein bisschen mit deinen Freunden quatschen. Die schlafen aber im Nebenzimmer. Zum Glück sind die Fenster geöffnet. Jetzt kommt das selbst gebastelte Alm-Telefon zum Einsatz!

So geht's:
Die Jogurtbecher am Boden vorsichtig durchbohren und die Nylonschnur durchschieben. Ein Knoten verhindert, dass sie herausrutscht. Notfalls mit Klebeband sichern!
Jetzt geht der Plausch los: Einer spricht in den Becher, der andere hält sich seinen Becher ans Ohr. Achtung: Das funktioniert nur, wenn die Schnur dazwischen immer straff gespannt ist.

Gipsbild

Material: Deine gesammelten Schätze, Steine, Tannennadeln, Federn ... kannst du zu einem Bild verarbeiten. Du kannst sie natürlich auch aus dem Urlaub mit nach Hause nehmen und dort basteln. Alles, was dazu noch benötigt wird, sind Gips aus dem Bastelgeschäft, ein Plastiklöffel und der Deckel eines Kartons

So geht's:
Überleg dir zunächst, was für ein Bild aus deinen Materialien entstehen soll – ist der Gips erst angerührt, muss es schnell gehen. Leg das Motiv am besten auf dem Tisch aus.
Dann den Gips nach Anleitung auf der Packung vorbereiten und in den Kartondeckel gießen. Mit einem nassen Plastiklöffel glatt streichen. Nun werden die einzelnen Fundstücke in den Gips gedrückt. Wenn alles gut getrocknet ist, kannst du dein Natur-Gipsbild aus dem Kartondeckel herausnehmen und aufstellen.

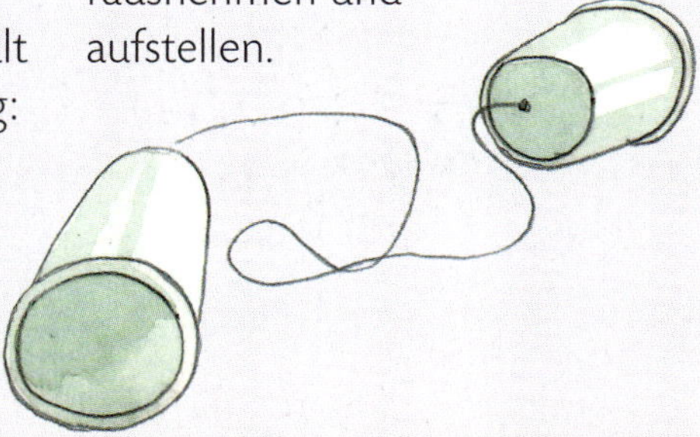

Österreich-Quiz

Spätestens am Ende des Urlaubs bist du bestimmt ein Österreich-Spezialist. Dann kannst du die folgenden Fragen bestimmt beantworten:

1. Alpenglühen ist:
a. das starke Aufheizen der Felsen im Sommer durch Hitze
b. Vulkanausbruch auf höchsten Gipfeln
c. Widerschein der untergehenden Sonne auf dem Fels

2. Die Kelten wurden von den Römern genannt
a. Gallier
b. Normannen
c. Germanen

3. Die Affen auf der Burg Landskron sind
a. Japan-Makaken
b. Rhesusaffen
c. Berberaffen

4. Klagenfurts Wahrzeichen ist
a. Herkules
b. Lindwurm
c. Löwe

5. Die Pferde mit dem Edelweiß-Brandzeichen sind
a. Lipizzaner
b. Haflinger
c. Noriker

6. Der „Ötzi" lebte vor wie vielen Jahren?
a. 2000
b. 5000
c. 7000

7. Der größte Kärntner Alpensee ist der
a. Fuschlsee
b. Wolfgangsee
c. Wörthersee

8. In welchem Schlosspark spritzen Brunnen die Besucher nass?
a. Schloss Hellabrunn
b. Schloss Mirabell
c. Schloss Hellbrunn

9. Welches Wort bedeutet Salz?

a. Holl
b. Hall
c. Halz

10. Woher kommt der Name Gesäuse?

a. vom rauschenden Bergwald
b. vom Pfeifen des Windes im Fels
c. vom Fluss Enns, der über Felsstufen herabstürzt

11. Wie hoch liegen die Hochalmen?

a. ab 2500 m
b. auf 1000 m
c. über 3000 m

12. Wie heißt die größte Höhle im Dachsteinmassiv?

a. Elefantenhöhle
b. Mammuthöhle
c. Goliathhöhle

13. Durch welche Klamm geht man in Österreich hinein und kommt in Deutschland heraus?

a. Spitzenbachklamm
b. Breitachklamm
c. Liechtensteinklamm

14. Was ist oder sind Kracherl?

a. harte Bonbons
b. Silvesterraketen
c. Limonade

15. Wann ist Österreichs Nationalfeiertag?

a. am 3.10.
b. am 26.10
c. am 1.5.

Auflösung auf Seite 94

Neu kennengelernt …

… habe ich in diesen Ferien:

Name: ....

....

Straße: ....

PLZ/Ort: ....

Land: ....

E-Mail: ....

Name: ....

....

Straße: ....

PLZ/Ort: ....

Land: ....

E-Mail: ....

Name: ....

....

Straße: ....

PLZ/Ort: ....

Land: ....

E-Mail: ....

Name: ....

....

Straße: ....

PLZ/Ort: ....

Land: ....

E-Mail: ....

Name: ....

....

Straße: ....

PLZ/Ort: ....

Land: ....

E-Mail: ....

Name: ....

....

Straße: ....

PLZ/Ort: ....

Land: ....

E-Mail: ....

Name: ....

....

Straße: ....

PLZ/Ort: ....

Land: ....

E-Mail: ....

Name: ....

....

Straße: ....

PLZ/Ort: ....

Land: ....

E-Mail: ....

Im Falle eines Falles

Hier kannst du wichtige Telefonnummern eintragen, falls du deine Eltern mal verlierst oder nicht mehr weiterweißt.

Mama und Papa Handy:

....

....

Andere wichtige Nummern:

....

....

Polizei:	110
Feuerwehr:	112
Notarzt:	112

Auflösung von Seite 90:
1c – 2a – 3a – 4b – 5b – 6b – 7c – 8a – 9b – 10c – 11a – 12b – 13b – 14c – 15b

Auflösung von Seite 78:

www.beltz.de

Neue Rechtschreibung
Idee und Reihenlayout: Groothuis, Lohfert, Consorten, Hamburg
Einbandfoto: Wodicka (ullstein bild)
Karten: Peter Palm, Berlin
Herstellung: Julia Rissler, Weinheim
Repro: iccprint, Biblis-Wattenheim
Druck: Druck Partner Rübelmann, Hemsbach
Bindung: Druckhaus »Thomas Müntzer«, Bad Langensalza
Printed in Germany
ISBN: 978-3-407-75336-6
1 2 3 4 5 11 10 09 08 07

Fotonachweis:
S. 4, 12, 19, 31: alpinolino; 13: Heinrich-Harrer-Museum Hüttenberg, www.harrermuseum.at; 17: privat; 22/23: Erich Spieß; 25, 30, 67: Hölzl; 49 (oben), 49 (unten): Andreas Sterzing; 62, 80: Ascher
alle: 2004/Tirol Werbung;
27: Swarowski Kristallwelten, Wattens; 33: Ötztal Tourismus; 35, 36, 37, 38: Salzburg Information; 39, 40, 41: Salinen Tourismus GmbH; 45: Ernst Kren, admont; 46: Graz Tourismus; 47: Spanische Hofreitschule – Bundesgestüt Piber; 50: Eisriesenwelt; 53, 54: Archiv Stadt Klagenfurt/Johannes Puch; 55: Archiv Minimundus; 57: Grafik Behr, Klagenfurt; 64/65, 70, 75: GROHAG 2003; 71: Tourismusverband Krimml/Hochkrimml

Autorinnen und Verlag haben die Sachverhalte in diesem Buch sorgfältig überprüft. Dennoch können sich Fehler eingeschlichen oder örtliche Gegebenheiten verändert haben. Wir bitten, dies zu berücksichtigen.

94

Endlich Ferien!

Ostfriesische Inseln
978-3-407-75334-2
Langeoog, Juist, Borkum, Baltrum, Spiekeroog, Wangerooge, Norderney u. v. m.

Berlin
978-3-407-75337-3

Dänemark
978-3-407-75335-9
Kopenhagen, Odense, Ribe, Århus, Seeland, Fünen, Lolland, Falster, Bornholm, Rømø, Legoland u. v. m.

Österreich
978-3-407-75336-6
Tirol, Salzburg, Steiermark, Kärnten

Mein erster Reiseführer

* macht Reisen für Kinder zum Erlebnis * ist voller Reisetipps, die Kinder interessieren * zeigt spannende Orte und erzählt von Land und Leuten * schlägt Routen und Ausflüge vor * bietet Extra-Seiten für Notizen, Spiele und Rätsel

Alle Bände als Originalausgabe,
mit Fotos, Karten und Illustrationen,
Broschiert in Fadenheftung,
96 Seiten

Beltz & Gelberg
Beltz Verlag, Postfach 100154, 69441 Weinheim, www.beltz.de